IN
CHRISTUS

In Christus

Van toeskouer tot spoortrapper

CALLIE ROOS

DELTA BOEKE
Johannesburg • Kaapstad • Londen

Alle regte voorbehou.
Geen gedeelte van hierdie publikasie mag gereproduseer of in enige vorm of op enige wyse oorgedra word sonder skriftelike toestemming van die uitgewer of kopiereghouers nie.

© Teks: Callie Roos 2020
© Voorbladfoto's: Annelize van Jaarsveld (onder) en Olga Roos (bo)
© Gepubliseerde uitgawe: Delta Boeke 2020

Uitgegee in 2020 deur
DELTA BOEKE
'n Druknaam van Jonathan Ball Uitgewers, 'n afdeling van Media24 (Edms.) Bpk.
Posbus 33977
Jeppestown
2043

ISBN 978-1-92824-810-1
e-boek ISBN 978-1-92824-811-8

Alle redelike pogings is aangewend om kopiereghouers op te spoor en toestemming te verkry vir die gebruik van kopieregmateriaal. Die uitgewer vra om verskoning vir enige foute of weglatings en verneem graag van kopiereghouers met die oog op regstellings of byvoegings in toekomstige uitgawes van hierdie boek.

Twitter: www.twitter.com/JonathanBallPub
Facebook: www.facebook.com/Jonathan-Ball-Publishers
www.jonathanball.co.za

Hierdie boek word opgedra aan elke mens met
'n Jesus-keps op sy of haar kop wat al my lewenspad
gekruis het. Ek het 'n stille begeerte dat ons paaie weer
sal kruis in die deurlees van dié boek. Maar hierdie keer
moet die ontmoeting anders wees, radikaal anders.
Vir julle wat my nou vir die eerste keer leer ken in
hierdie boek – sterkte!

"Treat people as if they were what they ought to be, and you help them to become what they are capable of being."

– *Goethe*

INHOUD

Voorwoord

1.	Terug op my spoor	11
2.	Die mense met die Jesus-kepse	29
3.	*En Christos* – Christus in my	42
4.	Die mag van die sonde	53
5.	Die oorspronklike kerk	59
6.	Die Christen en die kerk in krisis	68
7.	Handelingsvryheid	78
8.	Onstuitbaar	88
9.	Christus vir ander	99
10.	Die Heilige Gees in my	109
11.	Om aan te beweeg	126
12.	Die geheim van intuïsie	138
13.	In Christus	149
14.	Christus in alles en vir almal	160
15.	Relevansie	167
16.	My verantwoordelikheid as Christen	174
17.	Vryheid	184
18.	Deurbraak	194

Erkennings
Oor die skrywer

Voorwoord

Die boek wat jy nou in jou hand hou, is nie juis vir slaaptyd bedoel nie. In hierdie fassinerende reis oor wat dit beteken om *in Christus* te wees, skryf Callie padlangs eerlik. Hy gaan jou ook aan die hand van 'n klompie boeiende verhale wys hoe om hierdie nuwe identiteit konkreet uit te leef. Dit doen hy vanuit sy eie lewenswysheid, maar ook vanuit sy fyn aanvoeling vir die boodskap van die Nuwe Testament.

In die proses slag Callie sonder om te skroom 'n paar heilige koeie. Hy noem die godsdiensolifante in die kamer reguit op die naam. Tog verval hy nooit in die mode van ons dag om liefdeloos korrel te vat op al wat 'n godsdiensinstelling is nie. Hiervoor is sy agternaleef van die lewe in Christus net té outentiek.

Callie verstaan die lewe reg. Hy verstaan die lewe in Christus vars. Daarom sal sy insigte in hoe om die Bybel konkreet in die regte lewe te laat grond raak en hoe om Christus agterna te loop, jou om elke hoek en draai verras.

Laat staan alles en lees hierdie boek. Dit gaan jou dalk na jou asem laat snak en jou hele lewe omkeer ... maar alles ten goede!

Stephan Joubert

1

Terug op my spoor

Ek is 'n kind van sowel die stad as die platteland. My pa het in die bank gewerk en daarom het ons gedurig verhuis. As jong kind het ek meestal op die platteland in dorpies gewoon; tot die dag dat die gróót skuif plaasgevind het – ons het sak en pak van Ficksburg na Pretoria getrek. Ons gesin het in Sunnyside gaan woon met my pa wat by 'n bank in die middestad gaan werk het. Ek was in die Laerskool Oost-Eind totdat ons later na Valhalla getrek het waar ek my hoërskoolloopbaan in Voortrekkerhoogte begin het.

Van die skool en van kerk toe gaan in hierdie jare het ek nie veel herinneringe nie. Ek het meestal gevoel dat ek maar net 'n nommer was wat deur die dag-tot-dag-rituele van grootword moes gaan. Daar was by my nie eintlik 'n spesifieke gevoel van behoort of veel sin aan die dinge wat ek moes doen nie.

In my laerskooljare in Sunnyside was dit die lekkerste ding om op 'n Saterdag na 'n kafeebioskoop in die stad te gaan. As ek reg onthou, kon jy daar vir net 25 sent ure lank na verskillende flieks kyk en dan het jy nog 'n Coke met ys in 'n kartonglasie ook gratis gekry!

Ek het reeds as jong kind gevoel iets skort, ek het gesoek na iets meer in my eie lewe.

Toe skuif ons Morgenzon toe; 'n klein dorpie in die ou Oos-Transvaal wat 'n boerderygemeenskap bedien het. Die landbouskool op die bult, die koöperasie, treinstasie en die groot NG kerk het die dorp as't ware bymekaar gehou.

Hoewel ons net 'n handjievol kinders was wat in die dorp gewoon het in vergelyking met die groot koshuis, was hierdie seker een van die beste tye in my lewe. Daar is baie redes hiervoor, maar ek dink die feit dat die gemeenskap so klein was, was die belangrikste. Dit was asof jy as kind 'n beter kans gehad het om as individu te ontwikkel en jy is ook makliker raakgesien.

Soos in soveel ander dorpe was die kerkgebou in die middel van die dorp. Dit was 'n tipiese NG Kerk-gebou en het 'n hele blok vol gestaan. Van die belangrikste besighede, waaronder die destydse groot handelsbanke – Volkskas, Barclays en Standard – was oorkant die kerk.

Die kerkgebou is van sandsteen en het 'n reusepreekstoel van hout gehad en drie koepelgalerye met die orrel daar hoog bo. Die houtkerkbanke was intimiderend hard en dit het gekraak as jy nie stilsit nie. Dan was daar die koninklike rooi matte op die paadjies tot voor in die kerk. Die dominee, wat reeds in sy sewentigs was, was geliefd vir sy jare lange troue diens, want Morgenzon was sy eerste gemeente.

Nagmaal was 'n gebeurtenis wat net nie wou end kry nie. Eers was daar die Saterdagmiddag se voorbereidingdiens om deur te sien, dan die Sondagoggendnagmaal, waarop die dankseggingsgeleentheid in die middag gevolg het. Regdeur alles sit jy op daardie harde banke en daar was nie 'n kans om selfs net één van die dienste mis te loop nie. Dit was die regte ding om te doen en as kind het jy nie 'n keuse gehad nie.

As kind moes ek by herhaling in die kerk hoor dat die wêreld 'n slegte plek is; 'n sekulêre plek waarvan ek moes wegkom. Maar waarheen? En na wat toe?

Daar is vir ons gesê dat ons ons altyd tot die kerkgebou moes wend. By die kerk het ek egter banger gevoel as op enige ander plek op die dorp. Ek was bang vir die predikant en die ooms met hulle donker pakke en ook vir die kerk se bangmaakstories.

Die ergste van hierdie stories was dat die wêreld buite die kerk die plek is waar slegte goed met mense gebeur. Die sonde is in alles en in almal, is daar vir ons gesê, wat beteken het dat van die dinge wat ons in boeke gelees het, in rolprente gesien het en – die ergste van alles – in ons gunstelingmusiek gehoor het, volgens die dominees en ooms in die donker pakke meestal van die bose was.

Ons doen en late was heeltyd onder die vergrootglas en sou jy iets verkeerds doen, het God se straf en uiteindelik die ewige hel vir jou gewag. Brand sal jy brand. Daar is altyd na die bose of die kwaad in alles gesoek. Dinge soos materialisme of roem is altyd teenoor die goeie lewe van 'n eenvoudige kerkmens gestel.

Vir my as kind het dit deurentyd gevoel of die kerk my wil aftrek of weghou van iets af. Die slegte goed was in die wêreld daar buite wat teenoor die groot kerkgebou in die middel van die dorp gestel is. Die kerk, dit is nou die gebou self, was veronderstel om 'n veilige hawe te wees.

Die kerk het my oor baie dinge laat wonder, maar sy ware invloed op my verstaan van die lewe was relatief min. Daar was baie preke, maar min *gesprek* wat tot beter begrip en groter insig gelei het. Ek het baie vrae gehad oor God, sy bestaan, sy krag en hoe dit manifesteer in my eenvoudige kinderlewe. Ek wou God "sien", maar hoe en waar sou dit moontlik wees?

Ek het die teksvers in Filippense wat sê "ek is tot alles in staat deur Christus wat my krag gee", erg verwarrend gevind. Ek wou dit glo en beleef, maar elke Sondag dat ek op die harde kerkbanke gesit het, het ek die teenpool hiervan gehoor. Nodeloos om te sê: Ek was soekend na iets meer; ek was op soek na God self.

Ironies genoeg was die sekulêre dorp waarteen ons so in die kerk gewaarsku is, die plek waar ek veilig en gemaklik gevoel het. Die dorp was sonder pretensie en het in werklikheid 'n uitkoms gebied. Die kerk, daarenteen, was 'n plek van onsekerheid en intimidasie.

Ten spyte van alles het ek al in standerd 8 (graad 10) daaraan gedink om teologie te gaan studeer. Die skool het gereël vir 'n kerkkamp by Chrissiesmeer en ek is saam. Daardie Sondag preek die predikant oor Dawid wat vir Goliat doodmaak en net daar besluit ek ek wil vir die Here loop werk.

Ná skool is ek eers weermag toe. Dit was 'n soort ereplig, het ek geglo; dit was iets wat ek net móés doen. Daar het ek enkele leiers teëgekom wat my baie geïnspireer het deur hulle voorbeeld en wie hulle was.

Van daardie leiers het my toe reeds in 'n vorm van geestelike bediening aangewend wanneer die geleentheid daarvoor opgeduik het. Ek is dikwels gevra om 'n leidende rol in ons groep te vervul, hoewel dit nie eintlik my taak was nie. Duidelik het ek toe reeds die gawe van geestelike leiding gehad en hierdie hele ervaring was vir my baie goed.

Hoewel ek my op daardie tydstip al geroepe gevoel het tot diens aan Christus, het ek vir myself gesê as daar één ding is wat ek nooit wil wees nie, is dit 'n kapelaan in die weermag. Die rede daarvoor was dat ek in daardie stadium nie baie blootstelling aan die kapelaansdiens gehad het nie. Wanneer ek wel daaraan blootgestel is, was dit in die vorm van nog 'n lang, vervelige preek; gewoonlik in 'n groot, bedompige en warm vertrek vol troepe. Die reuk van stewels en sweet het dit net nóg bedompiger gemaak.

Min sou ek weet dat ek 'n groot deel van my volwasse lewe in die kapelaansdiens sou deurbring. Miskien het ek dit destyds as jong dienspligtige net 'n bietjie sleg getref en genadiglik was daar wel sommige kapelane wat dinamies en aanpasbaar in hul prediking en bediening was.

In my ouerhuis was daar vaste gegewens: Eerstens skree ons altyd vir Noord-Transvaal in die rugby en ek sou op Tukkies gaan studeer. Dit was vooruitbepaal en seker soos die uitverkiesing. Dit is hoe ek toe ná my twee dienspligjare van 1974 tot 1975 op Tukkies beland.

Hoe vreemd dit ook al mag klink, ek het nooit 'n prominente rolmodel gehad tydens my sewe jaar as teologiestudent nie. Hierdie is 'n plek vir slim mense, het ek altyd gedink. Ek was blootgestel aan van die skerpste akademici, maar ek het tog soms gewonder waarmee ons eintlik besig is.

My gevoel was dat die meeste van die dinge wat ons moes leer, totaal irrelevant was vir 'n lewe van eenvoud in Christenskap. Ek het baie gewonder waar dit my as gewone teologiestudent, wat die sin van die lewe probeer verstaan, gaan laat.

Ons klasse was groot en die paar van ons wat toe nog ongetroud was, het die agterste banke vol gesit. Ek het ook twee jaar in die studenteraad gedien en was betrokke by sowel die koshuis- as die algemene universiteitslewe. Dit het daartoe bygedra dat die agterste banke vir my soveel aanlokliker was!

Die dogmatiekklasse het ek wel baie waardeer omdat die dosent iets van die relevansie van lewe en die keuses waarmee ons gekonfronteer word, help oopbreek het. My ervaring van die ander vakke was dat dit losstaande fragmente van kennis was wat net nooit bymekaar uitgekom het nie en nie noodwendig relevant was vir die alledaagse lewe nie. Die dogmatiekklas was anders omdat dit vir my die raamwerk vir die menslike bestaan in 'n mate help definieer het.

In my aanvanklike BA-jare het ek die vak filosofie ook vreeslik geniet. Dit is waarskynlik omdat die filosofie deurlopend vra na die fundamentele rede vir die mens se bestaan en wat sin gee aan die lewe.

Daarteenoor het baie van my teologievakke – en die spesifieke manier waarop dit aangebied is – vir my amper geen sin gemaak nie. Dit was te formeel, te gefragmenteerd en gewoon te vervelig. Selde het ek enige gevoel van holisme, integrasie of relevansie gehad. Die groter begrip van die lewe en van die menslike bestaan was nie altyd daar nie.

Wat opvallend is, is hoeveel dosente en studente later op die een of ander manier die spoor byster geraak het, of net weggeraak het vir die evangelie. Ek vermoed die meeste van diegene wat heel voor in die klas gesit het, is vandag ook nie meer in die bediening nie. Hulle is óf kwaad vir die kerk, óf net weg.

In die eerste gemeente waar ek ná my universiteitsopleiding betrokke geraak het, het ek baie vinnig geleer oor die kerk as organisasie en oor al sy strukture. Dit het my nogal besig gehou om net eers uit te pluis hoe dinge werk.

Ek het besef dat die kerk enersyds deur dogma, reëls en prosedures gedryf word en andersyds deur die persoonlikhede van predikante en pastore. Daar was nie baie beweegruimte vir onafhanklike denke nie.

As ons onseker was oor iets, of as dit gelyk het asof iemand wou afwyk van die geskrewe reëlboek, is daar baie vinnig na onder meer die Kerkorde gegryp, wat leiding moes gee oor hoe ons dinge in die kerk doen. Baie van my tyd as 'n jong dominee is veral in ringsvergaderings spandeer waar ons binne ringsverband die "moeilikheid" van kollegas moes hanteer.

Tog was die ervaring waardevol omdat ek in daardie stadium soekend was na vastigheid en struktuur. Dit het my tyd gegee om my voete in die kerk te vind. Gesprekke oor wat reg en wat verkeerd is, was aan die orde van die dag en daar was meestal duidelike antwoorde daarop – alles baie voorskriftelik. Die kuns was om net nie in die moeilikheid te beland nie.

Met die verloop van tyd sou die kerklike voorskrifte en strukture egter vir my al hoe minder sin begin maak; ook in my eie begrip van wie God is en sy bedoeling vir die mens in hierdie lewe. Die meeste van my persoonlike belewenisse van die kerk en, meer nog, my blootstelling aan die leierskap van die kerk, het my laat begryp wat die kerk nié bedoel was om te wees nie.

Ek was dikwels stomgeslaan deur die rol van ego in leierskap en struktuur, asook die meerderwaardigheid wat ek teëgekom het. Daar was na my mening te veel van die eie ek en te min van die ander.

Natuurlik het ek aspekte hiervan ook by myself bespeur, maar ek het besef dat dominees dalk 'n gesonde selfbeeld nodig het, maar vir seker nie 'n oordrewe ego nie. Dit is nou maar eenmaal so dat ego jou in jou eie denkraamwerk en in die verlede vasgevang hou terwyl die wese van geestelike leierskap aanpasbaarheid, selforganisering, buigsaamheid en groei impliseer.

My belewenis van die kerk was van 'n wanfunksionele organisasie wat frustreer terwyl dit bedoel was om 'n lewende organisme te wees wat spontaan groei asof daar geen beperking is nie. Dit was verder moeilik vir die kerk om inklusief te dink en om werklik geïntegreerd bestuur te word. Die kerk het geweldige lomp besluitnemingstrukture gehad en was ook stadig om aan te pas. Die tydsverloop om besluite te neem en te implementeer was frustrerend lank.

Ek het redelik min in die kerk geleer oor leierskap en doeltreffende bestuur. Met *bestuur* bedoel ek hoe om vergaderings te hou, hoe om jou finansies te reël en jou verhoudings, hulpbronne en ander infrastruktuur te organiseer. Soveel van my tyd het daarin gegaan om saam met ander vir gemeentelede leiding te gee ten opsigte van hierdie dinge.

Verder het ek toenemend begin dink die kerk moet hoogstens 'n platform wees van waar mense na die wêreld kan uitbeweeg. Dit moet 'n plek wees waar ons Christene vertrou en opbou deur hulle te bemagtig en toe te rus vir die lewe, maar dan loslaat in die wêreld – God se wêreld – met 'n bediening van hulle eie.

Daar was 'n vraag waarheen ek altyd teruggekom het: As die kerk ten doel gehad het om mense vry te maak, waarom is daar dan so 'n beheptheid om in beheer te wil wees? Vandag besef ek ons sal dalk baie "kerkgoed" en "kerkmaniere" moet afleer om werklik God se oorspronklike bedoeling raak te leef.

In my grootmenslewe het ek nêrens méér geleer as in my latere tyd in die weermag nie. In my wese is en was ek altyd 'n soldaat; ek wou niks anders doen nie. Dit is miskien hoekom ek in die weermag soveel geleer het, want dit het so natuurlik gekom.

Die weermag het 'n baie eenvoudige – maar ook logiese – proses gevolg om sy lede aan te moedig om te groei en voor te berei vir elke volgende fase wat kom. Aanvanklik is daar 'n vormingsfase waarin jy sowel teoretiese as praktiese dinge geleer word soos hoe om jou te handhaaf in die teenwoordigheid van ander; hoe om op te tree wanneer jy in die teenwoordigheid van burgerlikes is; hoe om by 'n formele etenstafel aan te sit en baie meer. Dit het oor basiese lewensvaardighede gegaan.

Hierna het verskillende fases gevolg waarin ons verskillende leierskap- en bestuursvaardighede geleer is; soos hoe om te beplan, te organiseer, te lei en te beheer. Later het die operasionele beplanningsproses, en ook ander bestuursprosesse, bygekom.

My hoogtepunt was die Gesamentlike Stafkursus waarin jy meer geleer is van strategiese denke en die vermoë tot integrasie en belyning op 'n meer korporatiewe óf nasionale vlak van bestuur. In 'n stadium het alles net begin sin maak – dit was 'n wonderlike proses van groei en ontdekking.

My latere besigheidsonderneming om sowel leierskap as die bestuur van verandering en menslike gedrag te fasiliteer, het ook baie bygedra tot my persoonlike en geestelike groei; veral ten opsigte van my begrip van God se oogmerk met die mens. Ek is vandag baie dankbaar vir alles en almal wat op 'n besonderse wyse tot my eie begripsraamwerk bygedra het. Hierin het niemand 'n groter rol gespeel as God self nie. Hoe dan anders?

Oor jare heen het ek sekere boeke gelees en verskeie aanbiedings bygewoon wat 'n deurslaggewende invloed op my siening van ware Christenskap gehad het. Dit het my wel ook soms taamlik alleen gelaat in my denke en begrip van Christenwees. Die dinge wat vir my so duidelik en voor die hand liggend was, het ander as vreemd of té gekompliseerd afgemaak.

Een voorbeeld is die boeke en aanbiedings van die Argentynse evangelis Juan Carlos Ortiz, wie se boodskap net op die regte tyd op my lewensreis gekom het. Hy het die evangelie en die eenvoud daarvan verduidelik op 'n manier wat vir my sin gemaak het. Ek het hierdie inset broodnodig gehad.

Op 'n baie nederige manier het ek tot inkeer gekom en vir die eerste keer besef dat Jesus Christus – en so ook die krag van God – *in* my is. Vir die eerste keer het alles wat reeds met my gebeur het, en steeds besig was om te gebeur, in plek geval.

Ek was ook gelukkig om by meer as een geleentheid kerke of gemeentes in die buiteland te kon besoek. Hierdie besoeke was altyd baie stimulerend en het my toenemend laat besef dat in die breë iets besig is om skeef te loop in die kerk.

Een so 'n ervaring was toe ek 'n erediens gaan bywoon het in die gemeente van die Amerikaanse prediker Rob Bell, wat die stigter is van die Mars Hill Bible Church in Grandville. Onder sy leierskap het Mars Hill een van die snelgroeiendste kerke in Amerika geword.

In die betrokke kerk, waar ons 'n erediens bygewoon

het, was daar net plastiekstoele met 'n enkele klavierspeler en voorsanger wat die duisende mense laat sing het. Daarna het 'n boodskap van eenvoud gevolg wat konkreet en relevant was tot die lewe.

Dit was vir my opvallend anders as ons eredienste in Suid-Afrika. Na my mening is die meeste lidmate in ons eredienste waar daar orkeste of begeleiding is, bloot toeskouers wat met toe monde staan ten aanskoue van die skouspel op die verhoog. By Mars Hill het die inspirasie egter van binne gekom – daar het duisende mense met die eenvoudige klavierbegeleiding opreg tot eer van God gesing.

Nog 'n belangrike invloed op my lewe was Dee Hock se boek *One from Many* (2009: ReadHowYouWant.com). Dee Hock is die stigter en voormalige uitvoerende hoof van Visa. Sy boodskap oor die eenvoudige sleutel tot 'n suksesvolle besigheid het my geweldig gehelp. By Visa moes Hock 'n enorme skuif weg van die absoluut burokratiese en tegnokratiese banksisteme met hul streng regulatoriese stelsels na 'n totaal nuwe manier van dink, praat en doen oor krediet fasiliteer.

Ek wonder soms of die kerk nie ook iets by Hock oor 'n eenvoudiger manier van doen kan leer nie. Vir hom is daar, naas goeie selfbestuur, veral drie goed wat sterk leiers doen. Die eerste is dat hulle altyd rigting gee of aandui; die tweede is dat hulle altyd hul intensie aan ander oordra deur die dieper doel van 'n opdrag aan hulle te verduidelik, en derdens het hulle 'n besef van die belangrikheid van beginsels.

Hoe langer ek leef, hoe belangriker het sekere beginsels of grondwaarhede in my geloofsreis geword. Later in die boek sal ek breedvoerig hierop uitbrei.

Hoekom dan die boek? Aan die een kant raak ek toenemend bekommerd omdat die kerk as instelling vir baie mense totaal irrelevant geraak het. Vroegoggend sien ek dikwels kerkmense in restaurante of koffiewinkels sit met hul Bybels oop voor hulle, blykbaar soekend na die antwoorde op lewensvrae. Ek kry die indruk dis mense wat leierloos is en soek na iets meer, na relevansie en rolmodelle. Hulle soek na antwoorde en na uitkoms.

Ek en Gerhard Papenfus, hoof- uitvoerende beampte van die National Employers' Association of South Africa (NEASA), het langer as vyf jaar soggens vroeg koffiekamergesprekke in 'n koffiewinkel in Pretoria aangebied. Dit was altyd propvol. In die gehoor was dosente, ander predikante en beroepslui, oud en jonk. Almal het dieselfde behoefte gehad, naamlik 'n smagting na iets méér.

"Wat julle ook al doen, ons soek tog net nie nog 'n Sondagpreek nie. Hou dit relevant," het ek dikwels gehoor. Relevant tot wát, kan 'n mens vra? Ek keer later terug na die kwessie van relevansie wat so 'n integrale deel van my lewensreis vorm.

Aan die ander kant wil ek met hierdie boek my begrip van wat dit beteken om in Christus te leef, opteken. Anders gestel: Wat behels dit om Jesus Christus *in* my te hê? Om op hierdie wyse te leef, vereis na my mening nie net 'n herbesinning van sekere grondwaarhede nie, maar ook 'n radikale ánder begrip van Christenskap.

Soos die jare aanstap, besef ek dit is die een bydrae wat ek nog kan en wil lewer. Ek dink ook dat God my op 'n vreemde, selfs unieke, manier vir hierdie gesprek voorberei het.

Ek wil mense wat enersyds baie eng of dogmaties glo – en andersyds taamlik oppervlakkig – laat nadink oor waarmee hulle besig is. My indruk is dat daar tans te veel mense is wat algaande totaal mislei is in hul begrip van die werklike betekenis en belewenis van Christenwees.

Te veel mense wat hulself gelowiges noem, het té veel van die valse voorgee van Christenwees of kerklike in hulle, en te min van die radikale uniekheid en ándersheid van 'n belydenis wat sê: "Jesus Christus is die Here."

Hierdie boek is dus anders as jou deursnee- Christelike boek. Trouens, dit is eintlik sommer radikaal anders. Dit is sekerlik stroomop téén hoofstroomkerkmense se siening van wie Jesus Christus is en hoe die Christelike geloof vandag in die geïnstitusionaliseerde kerk versinnebeeld word.

In die hoofstukke wat volg, gaan ek verduidelik waarom ek dink die geïnstitusionaliseerde kerkmens beleef tans 'n krisis. My bedoeling is nié om veralgemenend oor kerkmense of selfs kerke te praat nie, maar hulle eerder uit te daag. My versoek aan hulle, of aan jou, is: Kom, moenie bloot 'n toeskouer wees nie, maar dink opnuut na oor waarmee ons besig is en wat ons beskou as die werklike betekenis en impak van die kruisdood en opstanding van Jesus Christus.

Wat is die boek nie? Dit is vir seker nie 'n praktiese gids tot 'n Christelike lewenstyl en hoe om dáár uit te kom nie. Wat is die boek wel? 'n Radikale inset met 'n vars beskouing van die wese van die evangelieboodskap. In die boek gaan ek armdruk teen die meeste van die "glo-goed" waarmee gewone kerkmense grootgeword het, naamlik:

- dat daar 'n lewe op ons wag wat beter is as hierdie lewe en dat die teenwoordige tyd dus iets slegs is;
- dat die wêreld 'n negatiewe of slegte plek is waarvan die mens moet wegkom na iewers waar dit beter is;
- dat jy net jou hart vir Jesus moet gee om gered te word en dat dit die einddoel van geloof is;
- dat God elders is, iewers daarbo, met die mens hier onder op die aarde altyd soekend na Hom;
- dat gelowiges dit beter het in hierdie lewe en meer geseënd is as ongelowiges;
- dat as jou geloof groot genoeg is, jy genees sal word wanneer jy siek is – jy hoef net te bid en te glo;
- dat daar 'n bloudruk vir jou lewe is waarvolgens alles reeds bepaal is en dat jy daaraan uitgelewer is;
- dat as dit met jou sleg gaan, dit 'n aanslag van die duiwel of die bose is wat oorwin moet word; en
- dat jy as gelowige 'n slagoffer van omstandighede is en dat swaarkry dikwels die gevolg is van iets wat ander aan jou doen.

Diegene wat dogmaties en baie eng glo, gaan by tye dalk ongemak ervaar wanneer hulle die boek lees. Ek is jammer hieroor, maar dit kan nie eintlik anders nie. Mense wat my ken, weet ek praat reguit en op die man af. Ek het begrip daarvoor dat mense beangs raak by die gedagte dat nóg iets in hul lewe moet verander. Ons moet immers daagliks reeds soveel verandering hanteer.

'n Radikale herbesinning van Christenwees gaan egter noodwendig 'n mate van onsekerheid en spanning meebring. Ek glo egter dit kan ook goeie en kreatiewe geestelike spanning skep. Verder kan dit 'n kalmte van gees, 'n rustigheid oor wie jy in Christus is, meebring.

Hierdie boek is nie bedoel as 'n gekerm oor die geïnstitusionaliseerde kerk nie. Ek wil bloot hê dat ons ons dilemma moet raaksien en verstaan.

Die meeste kerke word vandag steeds gedefinieer deur 'n verouderde eerstebedelingsparadigma van begrip waaroor ek in 'n volgende hoofstuk gaan uitbrei. Dié paradigma is een van afhanklikheid en beheer, begrensing en selfgerigtheid.

Vir my lyk dit asof die kerk as instelling eenvoudig nie die vermoë het om aan te pas by hierdie vinnig veranderende wêreld met al sy kompleksiteit nie. Die kerk het ook te gekompliseerd geraak. Dink nou maar net aan al die verskillende denominasies, persoonlikhede en politieke beïnvloeding wat die kerk so maklik tot speelbal maak vir menslike oortuigings of voorkeure wat nie noodwendig in ooreenstemming is met God se bedoeling vir die mens nie.

Persoonlik dink ek dit het te make met 'n tendens om

in beheer te wil wees. Wanneer daar baie druk is, gryp die mens eerste na wat bekend is of wat hy kan beheer. Op dié manier dink die mens kan hy dinge dieselfde hou ter wille van stabiliteit en vastigheid.

Ten diepste gaan dit dan oor die mens se onsekerheid en sy inherente vrees vir die onbekende. Daarteenoor is die gelowige juis geoormerk om te waag en te ontdek.

As kind is ek deurlopend wysgemaak dat geloof te make het met sekerheid en vastigheid. Vandag verstaan ek dat geloof eerder met onsekerheid te make het en hoe 'n mens die onbekende sonder vrees moet aandurf.

Die kerk bied vir soveel mense vandag steeds 'n godsdiensheenkome en dit het ook 'n groot rol in mý lewe gespeel. Daarom is dit nie my bedoeling om die kerk as instelling op enige manier te na te kom nie.

Ek het nie kwaad in my nie en ek dra nie bagasie hieroor met my saam nie. Inteendeel, ek is dankbaar vir 'n lewe vol avontuur in Christus. Elke fase in my lewe tot dusver was 'n platform of leerervaring vir 'n volgende avontuur. Hierdie boek is bloot nog so 'n platform.

Ek kan egter nie voortgaan om te maak asof alles oukei is met die kerk en sy struktuur nie, want dinge is nié oukei nie. As die kerk van God een was in getuienis en begrip, sou dit 'n magtige stem wees met 'n radikale impak op die samelewing. Maar is dit? Verteenwoordig die kerk vandag 'n beweging wat vanuit 'n enkele oortuiging die wêreld 'n beter plek probeer maak? Is dit 'n beweging wat relevant is tot mense se alledaagse lewe?

Ek hoop uiteindelik vir 'n nuwe begrip van die kerk

en sy rol. 'n Kerk van God. 'n Kerk in Christus wat vars, radikaal en dalk selfs 'n bietjie "wild" is.

Wanneer jy die boek lees, hou in gedagte dat ek in my wese 'n professionele soldaat en gelowige is en gewis nie 'n teoloog of godsdienskundige nie. Hoor net my hart … ek het geleef en die lewe maak vir my toenemend sin hoe meer en langer ek lewe!

2

Die mense met die Jesus-kepse

Ek en van my vriende het onlangs 'n alte bekende ervaring gehad. Dit is iets wat só gereeld voorkom dat talle mense in die besigheidswêreld en samelewing eintlik al daaroor spot: Dit is dat 'n mens in die sakewêreld maar in jou pasoppens moet wees vir mense wat as't ware met die Here te koop loop.

Ek het naamlik 'n geleentheid vir my en my vriende gereël wat ons nogal 'n aansienlike klompie geld gekos het. Dit was vir ons 'n belangrike belegging en ek het dit bestuur. Aanvanklik het alles goed gegaan met die reëlings, die plek en die verskaffer se gesindheid.

Die verskaffer sou gereeld frases soos "prys die Here", "amen" en "halleluja" gebruik, of sê sy is so bly ons is "dieselfde mense"; menende kinders van die Here. Toe ons by die plek aankom vir ons geleentheid, het sy ons ook ontvang met 'n keps op haar kop waarop die woord "Jesus" staan.

Ek was toe reeds effens ongemaklik, maar het my ongemak eers opsygeskuif. Ek het 'n intuïtiewe aanvoeling gehad dat iets nie reg is nie.

Wreed was ons ontnugtering toe ons stelselmatig ontdek dat die plek waar ons gebly het, nie dieselfde plek is as wat geadverteer is nie. Die geld wat ons betaal het, is ook nooit oorbetaal aan die persoon wat eintlik die plek besit nie. Die verskaffer het egter op alles 'n antwoord gehad.

Dit het my as organiseerder in 'n baie moeilike posisie geplaas en dit het my baie ongemaklik gemaak om die hele tyd in daardie kepsie te moet vaskyk. Ons is uiteindelik wel daardeur, hoewel ek maande later nog moes bel om te hoor of ons "skoon" is by 'n derde party wat ons uitgehelp het.

Ek gaan in die res van die boek 'n paar keer verwys na die mense met die Jesus-kepse. Ek gebruik hierdie term om mense te beskryf wat baie vinnig is om te sê hulle is Christene, of hulle behoort aan hierdie of daardie kerk, maar wat dan nie noodwendig die Christelike boodskap uitleef nie. In my ervaring is daar by sulke mense 'n enorme gaping tussen wat hulle voorgee om te wees – of hoop om te wees – en hul dade in die alledaagse lewe.

Natuurlik is dit nie in alle gevalle so dat mense met T-hemde of kepse met Jesus-frases daarop, nie die Christelike boodskap uitleef nie. Wanneer ek die term gebruik, het dit slegs betrekking op diegene wat hulself Christene noem, maar ver verwyderd lewe van die radikale andersheid wat veronderstel word in 'n belydenis wat sê Jesus Christus is die Here.

Ek vind dat Jesus-kepse ook hul rol in die gemeenskap en in die kerk baie eng verstaan. In 'n sekere sin stel hulle hulself op teenoor die samelewing en sien hulle alte gereeld 'n bedreiging in hierdie wêreld.

In my gesprekke met die verskaffer hierbo het dit ook geblyk dat sy 'n bedreiging in baie dinge gesien het en geglo het die magte van die bose is allesoorheersend. Ek het destyds nog gedink hoe vreemd dit is, want hoekom glo jy dan so min in sy heerskappy en krag as jy so vol van Jesus is?

Daar was 'n stadium dat ek Londen drie agtereenlopende jare besoek het om geestelik leiding te gee aan van die Suid-Afrikaners wat daar en in die omgewing gebly het. Hulle was meestal van die jonger generasie.

My praatjies sou gewoonlik 'n hele naweek lank duur en die fokus was meestal op die mans. By enkele geleenthede kon ek egter ook by van hulle vroue uitkom. Daar was twee goed uit my gesprekke met die mans en die vroue wat my siening van dinge baie verander het.

Een naweek vra ek vir die vroue: "Wat wil julle *hê* moet ek volgende naweek vir julle mans sê?" Ek het net een ding versoek.

Hulle het asof uit een mond gepraat en almal het dieselfde versoek gehad: "Callie, sê vir ons mans om nie slapgat te wees nie. Ons soek mans wat kan voorloop en leiding neem, wat nie bang is nie en na wie ons en ander kan opkyk. Mans op wie ons kan trots wees."

Ek skat dit is 'n ander manier om te sê hulle soek nie *idols* nie, maar ikone; ware toonbeelde van wat dit beteken om *man* te wees en wat so anders is as wat hulle andersins in Londen beleef het aangaande mans.

Vir 'n oomblik het ek namens die mans skaam gekry, maar ek was terselfdertyd opgewonde en geïnspireer deur die geleentheid wat hulle my gegee het. Dit was asof hulle vir my 'n deur na die volgende naweek se gesprek oopgemaak het.

Die tweede belewenis was in my gesprek met een van die mansgroepe. Die naweekprogram was baie vol en ek was as aanbieder op myself aangewese. My benadering was om baie stories te deel wat betrekking het op 'n lewe van sin en hoe om betekenis aan die lewe te gee.

Ons het die Vrydagaand begin en aangehou tot laat. Die hele Saterdag was ons terug op die harde plastiekstoele en het die Sondag eers in die middel van die dag klaargemaak. Ons het die Saterdagmiddag vir 'n balskopsessie buite op die gras verdaag, maar die aand is ons weer op die harde stoele tot so tienuur se kant toe ek die prop trek en stop vir die aand. Ek was doodmoeg.

Die organiseerders het almal genooi om liedjies te sing om 'n groot vuur wat met houtpalette gemaak is. Die ouens sing lekker en daar word 'n paar sakke biltong omgestuur. Die bederf loop dik.

Rondom elfuur die aand vra iemand my 'n een-tot-een-vraag. Ek sê vir hom en sy pel dat ons weer na die lokaal moes gaan sodat ek hom iets op die rekenaar kon wys. Dit ontaard toe in 'n lang gesprek en kort voor lank sluit nog 'n paar mans by ons aan. So 'n halfuur later is die meeste weer terug op die harde stoele. Nog later is álmal terug.

Die "masjien" word weer opgestart rondom stories oor die sin van die lewe en ook in die besigheidswêreld. Hoe maak ons hierdie lewe werk? is die groot vraag. Is dit moontlik?

Help ons verstaan, vra die mans. Dit word eenuur die oggend, toe tweeuur en ek dink dit was rondom halfdrie dat ek toe weer die prop trek en vir hulle sê ek kan nie meer nie.

Die volgende week nooi Manie Opperman, wat ook op die kamp was, my na sy huis. Manie is omtrent my ouderdom en 'n mentor vir baie van die jonger mans. Hy laai my by die stasie op en op pad na sy huis vra ek vir hom die groot vraag wat toe al dae lank in my gemoed broei.

"Ek ken jonger mense en ek onthou myself op hulle ouderdom," begin ek. "Wat maak dat hulle ná 'n hele dag tot ná twee in die oggend na dieselfde oom sal luister en dit die hele tyd op harde plastiekstoele?" vra ek.

Sy antwoord is kort en op die punt af.

"Hulle ken nie ooms soos jy nie," antwoord Manie. "Verduidelik," sêvra ek.

"Die ooms wat hulle ken, is napraters, klakouse, kermgatte, geraasmakers, gewoon sinies, skepties, pessimisties en oor alles altyd negatief; baiekeer ook oor hulle wat hier in Londen bly. Maar jy, jy is anders," voeg hy by.

Ek was terselfdertyd skaam en hartseer, maar ook opgewonde. Nogeens is hier 'n geleentheid, het ek gedink.

Die ding is dat ek die afgelope 60 jaar plus op hierdie planeet geleer het dat daar baie praters (meestal beterweterige áfpraters) is. Bitter min van hierdie "ooms" het egter al regtig gelééf. Ek sluit eintlik ook die "tannies" in, maar die meeste mense sal verstaan wat ek bedoel wanneer ek pertinent na die "ooms" verwys.

Ek help dikwels diegene wat spartel en stoei met die goed wat met hulle gebeur het – huisgoed en kindergoed. Ek weet hoe dit werklik in ons dorpe en huise gaan. Baiekeer vertel jongmense my dat hulle nie ooms ken wat met integriteit en waardigheid leef nie.

Soos die vroue in Londen, vertel baie vrouens hier in Suid-Afrika my ook hoe hulle hunker na mans na wie hulle kan opkyk; mans op wie hulle trots is en wat vorentoe beweeg. Mans wat nie net praat nie, maar ook dóén.

Die ooms, wat baiemaal die broodwinner is of prominente posisies in die gemeenskap inneem, is veronderstel om heel eerste by hulle eie huise te begin omgee en liefhê; vir hulle vrouens en kinders en dan ook in die breër gemeenskap en besigheidslewe. Die ooms is dan ook dikwels kerkmense, maar wat hulle voorgee om te wees en waarvan hulle dade spreek, is twee verskillende dinge.

Ons is grootbekke wanneer dit kom by ander mense en hoe hulle moet optree, maar dan het ons nie eens genoegsaam respek vir die belangrikste mense in ons eie lewe nie. Geen wonder ons kinders en hulle kinders kry baiekeer skaam vir wie ons is nie.

Daar is heelwat ooms wat Jesus-kepse is. Hulle sit die kerkbanke vol, maar dikwels ook net wanneer dit hulle pas. Hier waar ek in Pretoria woon, sal jy gereeld op 'n Sondag nadat die Blou Bulle of Springbokke verloor het, die mans se vrouens alleen op die kerkbanke vind. Wat ons kort, is ooms wat Christus régtig in hul lewe verwelkom en omvou en 'n kerk wat hulle hierin aanmoedig en ondersteun.

As kind in die kerk was die groot vraag altyd of ek al my hartjie vir die Here gegee het. As ek nie oortuig was dat ek dit al gedoen het nie, was ek op pad hel toe. In my grootmenslewe het hierdie vraag my steeds agtervolg en was my vrees nóg erger.

Daar was soveel Jesus-kepse wat met geestelike hoogmoed rondgeloop het en die res van ons laat verstaan het hulle het iets wat ons (ek!) nog moet kry. Dit was mense wat altyd afgepraat en neergekyk het op 'n mens en wat na my mening sieklik meerderwaardig was.

Jy moes ook weet dat daar verskillende vlakke van bekering is. 'n "Beter bekering" was nie enigeen beskore nie; daar moes iets baie spesiaals in jou lewe gebeur, iets misterieus.

As kind én as jongmens het ek na die Jesus-kepse gekyk en was ek heeltemal verward oor wat rondom my aangaan, want ek het gewonder of ek ooit goed genoeg sou wees en het gevrees dat ek dalk op die verkeerde spoor is.

Hierdie gevoel van verwarring het lank by my gebly en dit het my vryheid as Christen by my gesteel. Ek sou eers heelwat later besef dat dit alles deel is van 'n spel van pretensie en leuens.

Ek het die natuurlike proses van tot inkeer kom gemis wanneer iemand regtig tot bekering kom. Daar is iets misterieus aan die ervaring wanneer die God van genade en liefde na 'n mens toe draai en bevestigend sê: "Jy is

Myne". Dit gebeur nie op grond van iets wat jý doen nie, maar op grond van wie Hy is.

Wat is die funksie van die kerk in ons postmoderne samelewing? Watter rol behoort dit te speel?

Jare gelede het ek eendag 'n "oom" by een van die makrogemeentes teëgekom wat vertel het hoe hulle aalmoese uitdeel en hoe baie geld hy moet gaan kollekteer om in die wintermaande genoeg komberse te kan voorsien, of om selfs vir 'n armoedige gesin 'n huis te probeer bou. Oorkant die kerkgebou is 'n groot plakkerskamp, verduidelik hy, en die nood is elders ook groot.

"Hoekom pak julle nie Saterdagoggende die leë konferensiefasiliteite vol met die mense van oorkant die straat nie?" het ek gevra. "Dan vra julle van die jong suksesvolle besigheidsmense in julle gemeente om pro bono-seminare aan te bied oor hoe om 'n informele besigheidsnetwerk in die informele sektor te bou terwyl julle sommer ook vir hulle 'n klomp leierskaps- en bestuursvaardighede leer. Die potensiële bron van kennis en insig wat gedeel kan word, is tog enorm en dít in 'n land waar die skoolstelsel in vele opsigte heeltemal ontoereikend is."

Dit was 'n oomblik stil tussen ons. Toe weet ek, in sy kop is dit makliker om 'n paar rand in die strate te gaan kollekteer as om die volgende generasie informele entrepreneurs op te lei en hulle in staat te stel om 'n beter lewe te lei.

Ek het toenemend besef die gedagte om spontaan te

doen wat reg is, is blykbaar nie deel van ons begrip van die rol van die kerk nie. "Dis nie ons werk nie," sal mense maklik antwoord.

In hierdie opsig word die kerk 'n slagoffer van ons gefragmenteerde wêreld, waarin mense huiwerig is om holisties na die lewe te kyk. Hierdie geïsoleerde verstaan van die gelowige se godsdiensbelewing in die samelewing en die afsondering wat dit meebring, is vir my besonder vreemd. Hoekom sal sekere Christene kies om in afsondering voort te stoei, eerder as om in die wêreld daar buite – wat eintlik hul speelveld behoort te wees – 'n verskil te maak?

Dit lyk vir my asof mense dink hulle doen Christelik gesproke die regte ding deur ander te laat skuldig voel óf te intimideer deur bloot sekere dinge wat eie aan die kerk is, te doen. Behoort dit nie natuurlik te kom om die régte ding te wil doen nie?

Daar was 'n tyd toe ek leierleraar in 'n gemeente was, maar slegs as pastorale hulp. Dit het beteken dat ek deeltyds in die gemeente gewerk het. As pastorale hulp het ek beperkte tyd in die gemeente deurgebring, seker sowat tien persent van my tyd, en vir die res was ek aan die gang met my besigheid as fasiliteerder om groei in besighede te help bewerkstellig.

Terwyl ons die gemeente bestuur het, het ons ook ander opsies rakende leierskap en bediening ondersoek. Ek het voorgestel dat die gemeenteraad, wat ook die leierskorps was, my moet sien as 'n verlengstuk van hul bediening in die breër samelewing. Dit sou beteken hulle trek my 'n bietjie nader. Ek word een van hulle.

Hulle moes my dus toelaat om ook in die sakewêreld te werk asof dit hulle was wat die platform help skep het. Met ander woorde – my werk in my onderneming sou net 'n verlengstuk van my bediening in die gemeente word. In daardie stadium het ek al duisende mense se lewe positief beïnvloed deur middel van my besigheid.

Tot my verbasing was hulle glad nie ontvanklik vir dié idee nie. My indruk was dat hulle bang was iets sou "skeefloop" en dat hulle ook nie gemaklik was met iets waaroor hulle nie direk beheer sou gehad het nie. Volgens my begrip van hul terugvoer was dit duidelik dat die risiko vir hulle net te groot was en dat hulle dit nie as hul rol gesien het om die breër wêreld daar buite te bedien en 'n beter plek te help maak nie.

Dan was daar die keer of kere toe ek probeer het om 'n spesifieke bediening te fasiliteer wat in die eerste plek ten doel het om mense toe te rus vir die lewe. Die idee was om vir mense die vaardighede te gee om byvoorbeeld hul persoonlike finansies beter te bestuur; hulle in hul besigheid te help; hulle by te staan met enige uitdagings in hul huwelik, ensovoorts.

Om die een of ander rede wou die kerk waarby ek in daardie stadium betrokke was, hoogstens 'n Bybelstudie oor hierdie temas doen. Dít terwyl die meeste Bybelstudies selde spreek tot mense se werklike behoeftes.

Hierdie ingesteldheid het my uiteindelik net verder en verder weg van die kerklike instelling gedryf.

Toe ek nog binne die instelling gewerk het, was my impak op ander stadig en ondoeltreffend. Toe ek mense egter buite die instelling se gesukkel kon bedien, was alles maklik, vinnig en eenvoudig.

Binne die instelling het ek as ampsdraer seker op 'n paar mense se lewe impak gemaak. Buite die instelling het my impak vermenigvuldig.

'n Mens sou met reg kon vra of dit nie die taak van die kerk is om mense toe te rus vir die lewe nie. Wat baat dit jy ken die Here en bid getrou, maar jy sukkel in die alledaagse lewe weens 'n gebrek aan lewensvaardighede? Hoe kan jy 'n getuie wees in soveel lewensaspekte as jy spook en spartel met die basiese dinge in jou eie lewe?

Ek dink die kerk behoort voorts alle predikante of pastore los te maak van hul voltydse pos en hul verblyf in gemeentehuise weg te neem sodat hulle eerder op hul eie in die dorp of stad moet regkom. Dan sal hulle hul gemeentes nie net met hul geestelike talente en gawes kan dien nie, maar ook met die soort insig wat kom uit praktiese ervaring in die sakewêreld en aktiewe betrokkenheid in die breër gemeenskap.

'n Klompie jare gelede was ek lid van die leierskorps van 'n gemeente in Centurion en ook die fasiliteerder van hul strategiese werksessie. Hulle het toe pas 'n meting laat doen van hoe goed dit gaan in die erediens en die terugvoer was oorweldigend positief. Hulle was toevallig 'n klomp begaafde predikante wat ook musiek- en sangtalente gehad het. Op 'n Sondag was almal op die verhoog of in die "kas" waar klank, beeld en musiek gemeng word.

Ek het hulle gelukgewens met die resultaat van hul meting, maar toe so half moedswillig gevra wat dan tussen twee opeenvolgende Sondae gebeur.

"Wat bedoel jy?" wou hulle weet.

Ek verduidelik toe dat ek wonder wat hulle tussen die eredienste doen. Ek kon sien hulle weet nie lekker hoe om te reageer nie.

Die ding is, het ek verduidelik, dat as 'n baie groot deel van jou weeklikse poging as predikant ingaan in wat in die erediens gebeur, jy min kreatiewe energie oor het vir die res van die week. My punt was dat die eintlike werk juis lê by dit wat tussen dienste gebeur; met die dinge waarmee mense dagliks worstel. Soos byvoorbeeld siekte, werkloosheid, finansiële bestuur, verhoudings in die huwelik en in gesinne, kwessies by die skool, gemeenskapsveiligheid, ensovoorts.

As die kerk nie relevant raak in hierdie dinge nie, mis hy iets belangriks. Is dit nie eerder waar die kerk se speelveld behoort te wees nie?

Die Jesus-kepse deel vandag aalmoese uit en probeer op nasionale en internasionale vlak relevant wees in terme van die groter gesprekke oor (statusverwante) godsdiensagendas. Wat die wêreld nodig het, is nie aalmoese nie en ook nie manipulerende raadsaalspelers nie, maar mense wat getuig van 'n nuwe begrip én wat insig het in die eenvoud van die lewe.

Dit is nie moeilik om 'n sinvoller lewe te lei nie – dit is binne ons almal se bereik. Dit sal egter nie in jou skoot val nie; jy sal dit aktief moet nastreef.

Die manier om 'n sinvolle lewe te ontsluit en om die

kern van die Christenboodskap te verstaan, is deur liefde. Die boodskap van liefde behoort na elke mens en elke samelewingstruktuur deur te vloei en ook op niegelowiges 'n impak te maak. Dit is presies wat die vroeë kerk in die eerste 300 tot 350 jaar reggekry het.

As Christene moet ons vir onsself die reg toe-eien om in mense se spasies in te gaan met die boodskap van liefde. Jy kan dit egter net doen as jy self die liefde aktief uitleef. Daar is nie plek vir mense met sagte handjies in die Koninkryk van God nie. Dit is die speelplek van die groot ooms – ooms wat al gelééf het omdat hulle al liefgehad het en kan vergewe.

3

En Christos – Christus in my

Ek en my vrou, Olga, is onlangs genooi om 'n toer deur Israel te onderneem. Die toer self is wonderlik en ons geniet die mense wat saam met ons toer, maar my ervaring van die plek is by tye vir my swaar en in die geheel beskou, is dit 'n vreemde antiklimaks.

Op die toer was daar veral twee ervarings wat my laat dink het oor wat Christenskap nou eintlik beteken. Die eerste was die doop by die Jordaanrivier. Wanneer 'n mens daar aankom, sien jy honderde mense wat volgens afspraak in kleiner groepe toustaan of in groepies saamkom by die water. Almal het hul kameras gereed om die oomblik vas te lê.

Dit word 'n drukgang wanneer ons daaraan herinner word dat daar 'n afsnytyd is vir die volgende groep om in te kom. By die ingang van die sentrum gaan ons groep ook na links, water toe, maar na regs vang my oog 'n kennisgewingbord wat lees: *Garden of Contemplation.*

Ek beur soontoe, want ek is vrek nuuskierig en dit voel net reg. Dit moet 'n besonderse plek wees, dink ek. Ek hoort mos hierdie kant, in 'n tuin vir refleksie waar diegene wat reeds gedoop is – vermoedelik almal in die toergroepe –

sal byeenkom. Hier kan gedooptes bymekaarkom en lekker gesels oor die kern van Christenwees en hul belewenisse en lesse geleer as volwassenes in Christus deel. Hier kan hulle praat oor dinge in die samelewing en menswees in hierdie uitdagende tye. Gedooptes is tog nuwe mense met nuwe insig wat elke dag die volheid van Christus ervaar en reeds die gees van God in hulle het. Lekker, man, lekker!

Die tuin van oordenking is egter leeg. Dolleeg. Daar is nie 'n enkele siel nie. 'n Mens kan sien dat daar ook nie onlangs iemand was nie. Dit is onversorg en die stoele lê omgekeer.

Ek dink aan die keer toe Jesus kwaad geword het vir die handeldrywers in die tempel en alles wou omkeer. Die verskil is net hier is niks oor wat omgekeer kan word nie; alles lê reeds onderstebo op die grond. Simbolies gesproke is daar geen voetspoor om te volg nie.

Alleen sit ek en Olga in die tuin van oordenking en smag na nog gespreksgenote wat wil saamkuier rondom getuienisse van groei, volharding en oorwinning. Waar is hierdie nuwe mense? In daardie stadium is almal by die water om gedoop te word of wéér gedoop te word. Of andersins net 'n toeskouer te wees.

Hoe is dit moontlik dat mense só kan vashaak by die doop of die bekering? Ek meen, ná hierdie eenmalige gebeurtenis wag daar tog 'n nuwe lewe?! Wat by die doop of bekering gebeur, is tog net die begin. Hierna volg 'n rykdom ervarings en getuienisse wat gedeel behoort te word. Watter verskraling is dit nie om net tot by die doop te kom en dan by 'n volgende geleentheid weer net tot daar te vorder.

Is dit net ek wat so voel? wonder ek. Lê die fout by my? Ek meen: Hy het immers opgestaan en opgevaar. Ek is gedoop. Dit beteken ek is 'n nuwe mens en het aanbeweeg met die vaste wete dat Christus ín my is. Die fout lê seker by my, dink ek, want daar is niemand anders hier nie. Hulle is feitlik almal in die water.

Miskien moet ek die gedooptes uit die water gaan jaag, maal dit deur my gedagtes. Miskien moet ek hulle vertel van daardie deel van die lewe waar die nuwe mens in Christus voortleef tot sinvolheid. 'n Lewe wat getuig van kalmte, rustigheid en die sekere wete dat jy op die regte spoor is – daarmee bedoel ek dat jy in die spoor van Jesus Christus loop.

'n Paar dae later is ons in Jerusalem. Jerusalem self, die stad, maak dit nie vir my makliker nie. Ons stap deur die vier stadswyke om die tempelgebied waar onderskeidelik die Jode, Moslems, Armeniërs en Christene woon.

In die stad soek ek na Jesus in mense, of sommer net enigiemand wat God liefhet; vergeet van Jesus. Daar is egter bitter min van hierdie liefde op straat te kry, buiten die plek waar ons bly.

Ek het eers later besef wat ons gids bedoel het toe hy ons aan die begin van die toer so half verwaand meegedeel het dat net twee persent van die bevolking in Israel inderdaad Christene is. Nou verstaan ek: Hulle is nie daar nie, want Christus is nie daar nie. Sy volgelinge het 2 000 jaar gelede al pad gevat en vir goeie rede. Ons het dit net vergeet. Aangesien ek kom uit 'n land met 60 miljoen mense waarvan die meeste Christene is, val dit nogal vreemd op.

Ek is dankbaar toe ons op ons omswerwinge twee besigheidsmense in winkels kry wat regtig anders is. Hulle is natuurlik, spontaan, aangenaam en ontvanklik met geen vooropgestelde aanname of veroordeling nie. So voel dit altans. Een is 'n Armeniër en die ander 'n Palestyn.

Wie is hierdie mense, wonder ek? Hulle stel regtig belang en gee werklik om. Hulle sien ons raak en wil ons help.

By die res kry 'n mens nie 'n glimlag of 'n groet nie; eerder net mense wat my en Olga uit die pad sal loop. Dis meestal net 'n klomp handeldrywers wat kwaad en ongeskik raak as jy nie by hulle koop nie. Vir my lyk hulle moeg – moeg vir die lewe en vir hul besigheid.

Het die stad hul God geword? wonder ek stilweg by myself.

Een van die grootste toeristeaantreklikhede in Jerusalem is die Wesmuur, waar mense getrou gaan bid. Dit voel vir my amper soos 'n beligte watergat in Afrika waar die olifante saans kom water drink. Hier is ook kolligte en daar is verskriklik baie mense, van wie talle toeskouers is. Nogtans is ander hier vir die muur se betekenis. Ek staan op 'n afstand en kyk van bo af neer op die skouspel.

Na die een kant toe sit enkelinge op stoele en lees die Torah of ander geskrifte oor en oor. 'n Man wat 'n sak dra, stap by hulle verby en vra geld.

Niemand gee iets nie. Is hierdie dalk dieselfde mense wat vandag so bo-oor my en Olga geloop het sonder om te groet? Miskien is ek té veroordelend; dalk verwag ek te veel.

Is dit net ek? vra ek my nogeens af. Ek kry 'n gevoel dat ek hier moet wegkom. Ek verlang skielik na Afrika en sy mense. Iets is net nie reg nie.

Toe verstaan ek opnuut hoekom Jesus in opstand gekom het teen die instellings van sy tyd. Hoekom Hy so radikaal ánders was as wat hulle van Hom verwag het. Hy het, as die Seun van God, letterlik om elke hoek en draai by 'n geveg betrokke geraak oor die dinge wat Hom gepla het.

Een van die dinge wat Jesus seker die meeste gepla het, is hoe gelowiges opgegaan het in rituele, tradisie, vertoon, skyn, afkeer, en so meer. In Jesus se volwasse bediening loop Hy hom deurentyd vas in Jode en veral geleerdes wat baie eng vasgevang is in 'n tradisionele begrip van hul godsdiens, wat primêr gedryf word deur reëls en tradisies. Dit is 'n godsdiens wat straf en diskrimineer.

Hierdie manier van glo is wat ek die "ou bedeling" noem. Dit word voortgedryf deur die boodskap dat as jy nie gehoorsaam is nie, of nie doen wat ék vir jou sê nie, jy gestraf gaan word.

In die ou bedeling was God en die mens deurlopend van mekaar geskei omdat die mens gesukkel het om God se gebooie te onderhou en gevolglik was die mens ongehoorsaam. Keer op keer het die Joodse gelowiges probeer om God te behaag, maar hoeveel keer het hulle nie misluk in hul kollektiewe pogings nie!

Die gevolg was dat God weer keer op keer sy volk die rug toegekeer het. Dit het gelei tot 'n onvergenoegde kringloop van beskuldiging, verwyt en hartseer. Dinge wou maar net nie uitwerk nie. Dit was 'n doelwit waarby die volk van God net nie kon uitkom nie.

Duisende jare lank was daar 'n gespartel tot gehoorsaamheid, voortgedryf deur 'n ewige vrees vir God se straf en die dood; selfs nog erger – die ewige dood. Wat 'n frustrasie moes die mens nie vir die Almagtige God gewees het nie.

Baie mense sukkel om te verstaan waarom dit so moeilik was vir gelowiges om gehoorsaam te wees. Hierdie vraag kan beantwoord word aan die hand van 'n voorbeeld wat ek gereeld in die besigheidswêreld teëkom wanneer ek in hierdie omgewing fasiliteringswerk doen.

Die meeste besighede wil hê dat werknemers op 'n sekere manier moet optree, of bes moontlik hul gedrag moet verander, en daarom stel hulle dikwels 'n hele klomp reëls in. Wanneer hulle die reëls afdwing, gebeur dit egter gereeld dat hulle nie die verwagte resultate kry nie.

In my ervaring is 'n opdrag wat primêr deur vrees en intimidasie gedryf word, selde suksesvol. Dit is ook waarom die ou bedeling in Bybelse tye nie gewerk het nie.

Die ou bedeling is vir my maar alte bekend, want ek het daarmee grootgeword. Ons kerke, skole en selfs ouerhuise het die meeste van die tyd volgens hierdie bedeling gefunksioneer. Dit is hoe ons grootgemaak is – kom die reëls na of jy sal gestraf word.

Binne die ou bedeling se denkwyse word die mens 'n slaaf van die sonde. Die mens kan nou maar eenmaal nie iets reg doen nie en is altyd onder druk om beter te doen. Boonop word die strafmaatreëls net nog erger en die voorkomende maatreëls net toenemend meer indien die verlangde resultate nie verkry word nie.

Dit ontaard gou in 'n afwaartse spiraal van meer en meer reëls en regulasies terwyl die verlangde verbetering of verandering nie kom nie. Die gevolg is dat frustrasievlakke styg en dit het weer 'n uitwerking op die mense se emosies.

Op sy beurt het dit weer 'n impak op hoe mense met mekaar kommunikeer. As daar vaste reëls is wat nie nagekom word nie, neig diegene wat veronderstel is om die reëls toe te pas om dreigend te raak en terug te val op eenrigtingkommunikasie waarin daar bitter min geluister óf verstaan word.

Hierdie soort kommunikasie is algemeen in ons samelewing en dit het 'n groot invloed op mense se gedrag en hul vermoë tot gedragsverandering. Vir die een wat aan die ontvangkant van 'n stel nougesette reëls is, laat dit bitter min ruimte vir kreatiwiteit, innovasie of spontaneïteit. Dan praat ek nie eens van aanpasbaarheid en buigsaamheid nie.

Die ou bedeling het glad nie gewerk nie, sê die skrywer van Hebreërs in hoofstuk 6 tot 8. Paulus beaam dit ook in 'n tweede brief aan die Korintiërs in hoofstuk 3. Hierdie gedeeltes sê prontuit dat die ou, oftewel eerste, bedeling nie geslaagd was nie.

Die rede is eenvoudig – gelowiges het nie hulle deel van die ooreenkoms nagekom nie en daarom het God besluit om hulle die rug toe te keer. Vandag besef ons dat hulle gewoon nie in staat was om dit na te kom nie. Die aanslag was verkeerd, want gelowiges het onder die swaard van die straf geleef. Sommige mense sal dalk wil sê God is te blameer omdat sy aanslag verkeerd was, maar miskien was die regte aanslag iets wat sowel God as mens nog moes ontdek soos wat die tyd aanbeweeg het.

Dit verklaar dalk ook die ongeveer 400 jaar van onsekerheid en stilte ná die optrede van Maleagi waar God se stem net stil geword het totdat sy Seun gekom het. Al waaraan gelowiges toe kon vasklou, was die belofte van 'n Messias wat sou kom en die oorlewering van 'n God wat altyd soekend is na sy volk.

Dit is geen wonder nie dat die gelowiges so onseker was met Jesus Christus se geboorte: of hy inderdaad die Messias was of nie. "Is Hy die een wat sou kom?" wou hulle weet.

Christus se koms het die mensdom uiteindelik en vir altyd bevry van die gesukkel om God se reëls en wette na te kom. Dit het hulle gehelp uit die spiraal van deurlopende mislukking waarin hulle beland het.

Van toe af word die mens gedryf deur 'n baie eenvoudige lewensbeginsel, naamlik dat die vreugde tot lewe en die volheid daarvan seker die kragtigste motiveerder vir volhoubaarheid is.

Die mens kon in Christus vir ewig en vir altyd vrykom van sy sondelas. Christus het dit aan die kruis gedoen en die vroeë Christene het dit geweet. Hulle het nuwe mense geword wat kon leef sonder twyfel en onsekerheid en sonder vrees vir die ewige straf.

Wat altyd 'n las vir die mens was, het verdwyn. Dit is waarom Paulus en ander briefskrywers nie nodig gehad het om baie oor sonde te skryf in hulle briewe aan gelowiges nie. Hulle het geweet dat Hy, Christus, nie lank gelede nie eenmalig vir hulle almal se sondes gesterf het. Daarmee was die saak afgehandel.

In Bybelse tye het feitlik al die godsdienste 'n godheid voorgestel waarvolgens God verhewe was bo die mens. God was eenkant, afwesig, altyd soekend, weg. Amper soos die God van Israel in die ou bedeling. Daar was altyd afstand tussen God en die mens.

Daarom het die koms van Jesus Christus hierdie moontlikheid van radikale ommekeer vir die mens se begrip van geloof gebring. Wanneer die eerste Christene Christus hul eie maak, kom daar 'n nuwe beskouing van Jesus Christus wat nou ook "ín my is". Volgens Bruce Demarest se boek *The Cross and the Salvation* (2006: Crossway Publishers) word die uitdrukking "in Christus" of *en Christos* 216 keer in Paulus se briewe gebruik en 26 keer deur Johannes.

Dit is die geheim van hierdie nuwe beweging: Deur sy Gees en my belydenis word Christus één met my en ek met Hom.

Skielik het die tempel en die rituele en die afhanklikheid van ander wat vir my by God moet instaan of intree, geen noodsaaklike betekenis meer nie. In die ou bedeling was die lokus, of presiese plek van ontmoeting, altyd iewers *buite* die mens se belewenis van God. God was iewers elders en dit het die mens altyd soekend, wagtend en onseker gelaat.

In die nuwe bedeling skuif die lokus na *binne* die mens. Die mens het 'n interne belewenis van Christus deur sy Gees wat een word met wie hy is. Hierdie interne lokus, 'n lewe wat van binne geleef word met die krag van God se Gees ín hom, is wat ware Christene van die Jesus-kepsgelowiges onderskei.

Jesaja 1:11-17 dra iets oor van die radikalisme van Christus se latere koms. Daar gaan hy so ver om vir tempelgangers te sê hul wierookoffers "stink" vir hom. "Ek kan dit nie vat dat julle aanhou sonde doen en dan nog steeds ewe vroom hier na die tempel toe kom vir die nuwemaansfeeste en sabbatsvierings nie ... Gaan kry eers julle lewens reg ... Leer eerder hoe om weer goed te doen en sorg dat mense billik en onpartydig behandel word. Help dié wat misbruik word en beskerm die regte van dié wat nie vir hulleself kan sorg en nie al die geleenthede in die lewe het nie."

In die nuwe bedeling word 'n nuwe aanslag gevolg. Die skrywer van Hebreërs brei hierop uit wanneer hy in Hebreërs 8:10 sê: "Ek sal in die toekoms 'n nuwe ooreenkoms met my mense maak. Ek sal seker maak dat hulle nooit sal vergeet wat Ek van hulle wil hê nie. Wat Ek van hulle verwag, sal Ek deel van hulle lewe maak."

Ek wil graag voorstel dat hoofstuk 6 tot 8 in Hebreërs volledig gelees word. Dit is duidelik dat God in die nuwe bedeling die druk van mense wil wegneem en dit vir hulle moontlik wil maak om voluit as nuwe mense te kan lewe. Wat nie moontlik was in die ou bedeling nie, word moontlik in die nuwe bedeling.

4

Die mag van die sonde

Christus het gelewe en opgetree in die era van die ou verbond, die tyd van die wet. Daarom moet ons al sy gesprekke en ingrepe verstaan vanuit die ou bedeling se begripsraamwerk.

Dit is belangrik om te onthou dat Christus met die ou bedeling se rolspelers en die geraas in hul kop gestoei het. Selfs die Bergpredikasie waarna ons so graag verwys, word aan oubedelingmense verpak binne die ou bedeling se begripsveld.

Hy sê vir hulle dinge wat Hy weet hulle gaan sukkel om te verstaan, of moeilik sal kan uitleef. Ek meen, hoe leef jy kommervry, draai altyd die ander wang of het jou vyand lief?

Christus wil hulle tot nuwe insig bring oor sy koms en sy rol as die Seun van God, maar Hy was beslis ook 'n bietjie moedswillig toe Hy die evangelieboodskap in sulke radikale terme verkondig het. Die ou bedeling se rolspelers het die kat aan die stert beetgehad omdat hulle gedink het hulle kan hierdie vereistes vanuit eie krag najaag. Wat Christus egter wil hê, is dat hulle moet verstaan dat die gedagtes wat in die Bergpredikasie vervat is alles moontlik is, maar net as gelowiges snap wat Hy as Messias besig is om te doen.

Kom ons wees nou maar eerlik: Vanuit eie krag sal jy dit nié maak nie. Vanuit die wet alleen is dit nie moontlik nie – dít is presies wat Hy wil hê jy moet begryp. Om onder die wet te leef is soos om in die tronk te wees. Jy is altyd skuldig en jy wag vir jou veroordeling of vonnis.

Die wet bemoedig jou nie en dit hou jou nie regop nie. Jy sal nooit daarin slaag om die wet getrou na te kom nie, want jy is net nie goed genoeg nie. In jou kop bly jy dus 'n gevangene.

Christus wil hê dat gelowiges moet snap dat 'n nuwe bedeling op pad is en dat dit in Christus moontlik is om sonder die streng voorskrifte van die wet te leef. As die Seun van God het Hy gekom om 'n nuwe lewe moontlik te maak; om 'n wêreld van nuwe moontlikhede oop te breek.

Vir die Joodse gelowiges is Hy egter 'n bedreiging. Hulle dink Hy is te arrogant. Die dinge wat Hy sê, is baie uitdagend – hulle moet óf nog harder onder die wet probeer leef óf hulle moet Jesus as die Messias erken en hulle oorgee aan Hom. Die alternatief was natuurlik om Jesus die rug toe te keer. Wie dink Hy immers is Hy?

Dit is toe ook wat hulle uiteindelik doen. Hulle keer Hom die rug toe. Hy moet gaan.

Baie Christene sal vandag nog vra: Hoe leef ek 'n reguit of goeie lewe as ek nie die Tien Gebooie as my gids gebruik nie? Die antwoord is eenvoudig dat wanneer die Heilige Gees van God deel van my lewe word, dit genoeg is. Nie net oor die Gees wat ín my is nie, maar ook danksy die krag van God wat in my is.

Nou word die vrug van die Gees my realiteit en my identiteit – dit gebeur moeiteloos. Die lokus van iets wat buite my was, skuif nou gemaklik en volledig na binne. Vir altyd. Ek weet daarom intuïtief wat reg is. Dit is reeds vasgelê en dit wag vir my.

Ja, ek moet nog heelwat leer en aanhou groei en hard werk, maar die punt is dat ek weet dat ek daartoe in staat is. Ek kan, want ek is 'n nuwe mens in Christus.

In hoofstuk 3 van die brief aan die Galasiërs word die gelowiges gekonfronteer met die vraag hoe hulle oorspronklik deel gekry het aan die Heilige Gees. Was dit deur in die Heilige Gees te glo of deur te doen wat die wet sê?

Die antwoord is natuurlik deur te glo in die Heilige Gees. Tog bly hulle spook met die wet. Nou is julle weer terug in julle eie krag, kom die beskuldiging.

In hoofstuk 1 van die eerste brief aan Timoteus verduidelik Paulus dat hoewel die wet goed is, die wet eintlik nie bedoel is vir mense wat leef soos God dit van hulle verwag nie. Dit is eerder vir mense wat nie omgee vir God se wet of enige reëls nie; mense wat hulle nie steur aan God nie en ronddool in die sonde. Wat die gelowiges klaarblyklik nie besef nie, is dat die wet uitsluitlik bedoel was om die ongelowiges na Christus toe te beduie.

Paulus sê in Galasiërs 5 in soveel woorde dat as jou lewe deur die Heilige Gees beheer word, jy nie meer al die reëls en voorskrifte van die wet hoef te gehoorsaam nie. Met ander woorde, ons stryd met die sonde is vir eers verby. Jy leef vanuit 'n ánder oortuiging of 'n ánder waarheid.

Ek skat nêrens word hierdie dilemma beter beskryf as in die brief aan die Romeine nie en wel in hoofstuk 8. Paulus is baie duidelik dat wat die wet nooit kon regkry nie, het God reggekry. Hy het geweet dat die wet nie in staat is om ons te verlos nie omdat die mag van die sonde in ons lewe heeltemal te groot is.

Daarom het God besluit om sy eie Seun as 'n gewone mens na ons te stuur en toe Hy aan die kruis gesterf het, het God persoonlik met die sonde afgereken. Nou kan ons uiteindelik doen wat die wet van ons vra.

Ons lewe word nie langer deur die sonde oorheers nie. Nee, die Heilige Gees staan nou aan die stuur van ons lewe.

Die deel wat ek dink gelowiges nooit gesnap het nie, is dat jy nie vir Jesus Christus in 'n stuk godsdienstige dogma kan indruk nie. Christus het gekom om ons te bevry terwyl die kerk – of godsdiens – ons gevange probeer hou met dogma, doktrine en reëls.

Die georganiseerde godsdiens het destyds ook nie vir Jesus Christus uitgewerk nie. Daarvoor is en was Hy net té radikaal, té anders. Vandag is die kerk as instelling steeds te geïsoleerd, te gereguleerd en verteenwoordig daarom feitlik niks van hierdie Christus nie.

Ek het baie jare lank, trouens die grootste deel van my lewe tot dusver, geglo in God en in Jesus Christus as my

Verlosser. Ek het egter eers baie later besef dat daar 'n enorme verskil is tussen glo en wéét dat Hy die Here is en wat daardeur veronderstel word.

Om regtig te wéét dat Hy die Here is, beteken dat alle gesag aan Hom behoort en dat ek my aan Hom moet onderwerp. Hierdie aanvaarding van wie Hy is en dat ek in Hom is, beteken ook dat ek tot alles in staat is deur sy krag wat in my is.

Dit stel my onder meer in staat om "nee" te sê vir versoeking wat oor my pad kom. Ek is nou ook die vrug van die Gees vir ander, met ander woorde ek is geduldig, kalm, rustig. Ek strewe nie net na die goeie nie, ek wórd dit.

Dit is seker die moeilikste kopskuif vir die meeste Jesuskepse, want hulle is gedwing om te glo dat jy altyd gebroke, skuldig of afhanklik is. Hulle vind dit bitter moeilik om vanuit die radikaliteit van God se besonderse genade te leef.

Wat my outentiek Christen maak, is die oortuiging dat God se krag ín my is en dat ek ánders is hierin. Dit beteken ek is opreg in my oortuigings en in hoe ek my lewe lei. Daar is nie 'n bang haar op my kop nie.

My lewe getuig van absolute respek vir die almagtige en soewereine God. Ek is daarom ook onverskrokke in hoe ek die volheid van die lewe leef.

God het mens geword in Christus om een rede en dit is sodat ek en jy soos Hy kan wees. Die hele skepping basuin dit vir my uit dat ons in Christus sal word wat God self is, naamlik volledig liggaam, siel en gees. Dit beteken ons word 'n nuwe mens; ons trek 'n nuwe kleed aan en word een met die oorsprong van 'n almagtige God. Ons is in Hom, wetende Hy is ook in ons.

Wanneer ek in Christus se voetspore stap en soos Hy leef, wys dit dat ek aan God se nuwe familie behoort. Ek trap in Jesus Christus se spore, want ek is 'n nabootsing van Hom. Ek word 'n spoortrapper in my geloof.

5

Die oorspronklike kerk

Ná Christus se dood en opstanding het die vroeë kerk die verpersoonliking geword van wie Jesus Christus was. Gelowiges het hul identiteit in Jesus Christus gevind. Paulus het in hierdie tyd die woord *ekklesia* gekies as die woord om die kerk te beskryf. Hy het dit gedoen met die wete dat daar baie ander opsies was om uit te kies. Die woord was in daardie tyd egter vir sowel Jode as Grieke 'n algemeen bekende term. In Hebreeus het dit *samekoms* beteken en in Grieks 'n munisipale struktuur om 'n dorp, gemeenskap of samelewing mee te bestuur.

Hou in gedagte dat die mensdom in die eerste paar honderd jaar ná Christus geweldig uitgelewer was aan peste en epidemies. Die dorpe was meestal vuil en rioolprobleme en ander kwessies rondom higiëne was aan die orde van die dag.

Selfs die bestuur van rondloperhonde en hondemis was 'n groot uitdaging. Wanneer Paulus in Filippense 'n bekende metafoor moes gebruik om die verhouding met Christus te verduidelik, beskryf hy 'n lewe sonder Christus as soortgelyk aan mis. Hoewel latere vertalings dit met die woord *waardeloos* vertaal het, verwys die oorspronklike

Griekse woord *skubalon* inderdaad na hondemis, of *dung* in Engels.

Die gemeenskappe was boonop etnies gefragmenteerd en daar was onderlinge geskille en heelwat haat. Daar was ook baie weduwees en weeskinders wat aan ander se genade uitgelewer was. Dit was 'n wrede wêreld en die mens se lewe was nie veel werd nie.

Die ekklesia was gevolglik relevant vir enigiets van water- en vullisbestuur tot opvoeding, maatskaplike kwessies en ook besigheid.

Die eerste Christene het in die ongelowige Romeinse gemeenskappe dus 'n groot impak gehad, gewoon omdat hulle die lewe vir die meeste mense draagliker gemaak het. Wat die Christendom na die wêreld gebring het, was 'n menslikheid wat die mense – en veral die niegelowiges van daardie tyd – nie geken het nie.

Die kerk het as't ware hande en voete gekry wanneer gewone mense gewone goed gedoen het net omdat hulle Jesus Christus deel van hul lewe gemaak het. Christus het dus in ander woorde uitdrukking gevind in alles wat hulle gedoen het.

Gevolglik het die eerste Christene reggekry wat die godsdienstiges in die Joodse tradisie, asook in ander godsdienste, in eeue nie kon vermag nie. Dit was om die woord *Christus* volledig en outentiek raak te leef; dit wil sê – die liefde van God. Vir gewone mense in die samelewing het hulle in werklikheid Christus geword.

So word die Christen gebore en hy maak 'n impak. 'n Radikale impak.

Dis geen wonder nie dat die regeringsleiers van daardie era nie 'n ander keuse gehad het as om die Christendom te omarm nie, want hier het 'n nuwe geloof – 'n nuwe beweging – tot stand gekom wat onstuitbaar was en wat hulle wêreld skielik 'n baie beter plek gemaak het.

Daarby was die geestelike leierskorps van hierdie geloof een met die gemeenskap en in 'n sekere sin nie 'n bedreiging vir die regeringsleiers nie. By hulle het 'n mens die inspirasie tot die volheid van lewe en 'n sinvoller bestaan gekry.

Die Romeinse owerheid het eintlik nie mooi geweet hoe om die eerste Christene te hanteer nie. Hul geloof was 'n baie persoonlike godsdiens waarin mense vir mekaar omgegee het. Hoe om 'n dorp of gemeenskap 'n beter plek te maak, was alledaagse gesprekstemas.

Die ekklesia was 'n inspirerende bron van nuwe moontlikhede. Daar was feitlik geen afstand tussen geestelike leiers en gelowiges of enige vorm van elitisme nie. Dit was 'n dienende struktuur – leiers en gelowiges het nie net ander mense gedien nie, maar ook mekaar.

Daar was ook geen afhanklikheid van iets of iemand nie; nie eens die staat nie. Dit was 'n massabeweging van mense wat vir mekaar en vir ander omgegee het en nie na die wêreld gekom het met 'n spul vooropgestelde aannames van wat reg of verkeerd is nie.

Die aantal Christene het nie gegroei as gevolg van wonderwerke, of omdat die staat dit toegelaat het, of omdat Jesus as martelaar dit 'n sekere status gegee het nie. Nee, dit het gegroei omdat dit 'n geloofsgemeenskap was wat die insigte van hul geloofservaringe met oortuiging met mekaar gedeel het.

Paulus se begrip van die kerk en sy besluit om dit met die woord *ekklesia* te beskryf, was eintlik radikaal anders as wat die verwagting was. Volgens hom was daar veral drie terme of konsepte wat die ekklesia ten beste opgesom het:

1. *Hagios* – hierdie woord word in Grieks algemeen vertaal as "heilig". Met ander woorde, die kerk is heilig. Paulus gebruik die woord *hagios* amper 40 keer om die eerste gelowiges te beskryf. Na my mening is die woord "heilig" egter nie so 'n goeie vertaling nie aangesien dit by sommige mense die indruk van meerderwaardig kan skep. Van die Bybel se kommentators, onder wie die Skotse skrywer William Barclay, stem hartgrondig saam dat 'n beter vertaling sou wees dat Christene gewoon net anders is as die aanhangers van ander gelowe. Christene is anders en leef anders, dit is so eenvoudig soos dit. *Hagios* beteken "anders". Ek voeg by – radikáál anders.

2. Gelowig – Christene glo en daarom is hulle altyd die draers van hoop en ook liefde in 'n andersins moedelose wêreld. Christene is positief en probeer om die dinge wat binne hulle invloedsfeer is, te beïnvloed. Daar waar hulle 'n verskil kan maak, probeer Christene aktief om die regte ding te doen. Ons lokus is na binne en ons leef vanuit 'n enkele oortuiging en dit is dat Jesus Christus die Here is.

3. Christene is broers en susters van mekaar en daarom is die band tussen ons baie sterk, as't ware onafskeidbaar sterk. As oudsoldaat vind hierdie gedagte groot byval by my, want ek sien so gereeld hoe veterane mekaar opsoek en op 'n amper misterieuse manier vir mekaar omgee en na mekaar uitreik. As Christene sorg ons vir mekaar en gee om vir mekaar. Dit beteken ook dat daar geen verdeling of verdeeldheid is nie. Ons leef en praat uit een mond. Ons kan mekaar vertrou, is eerlik en oop met mekaar.

Die eerste Christelike gemeenskappe het wydverspreid voorgekom en was dikwels afgesonder van mekaar. Hulle het wel van mekaar geweet en mekaar ondersteun. Daar was net een kerk en nie verskillende kerke of denominasies nie. Daar was geen verdeeldheid nie en die beweging het geweldig vinnig gegroei.

Gedurende die eerste 300 jaar ná Christus was daar geen geboue of groot kerkstrukture nie. Daar was ook feitlik geen burokratiese óf tegnokratiese struktuur wat die geloofsgemeenskap bestuur het of namens hulle besluite geneem het nie.

Niks of niemand het regtig die vroeë Christendom beheer nie en dit was ook nie nodig nie. Hulle was gewoon 'n beweging "in Christus".

Die vraag wat ek my vandag afvra, is wat geword het van hierdie eenvoudige eenheid. Wat het geword van die Kerk van God, soos dit oorspronklik bedoel en beleef is? Waarom het ons blykbaar vergeet van die ware karakter van kerkwees en wat Jesus Christus vir ons kom doen het? Wat in die mens se wese het hom so van sy God vervreem?

Vir sowat 300 jaar ná Christus was dit anders, radikaal anders, totdat die staat ingemeng en die kerk 'n instelling gemaak het. Die kerk as instelling is vandag weer op dieselfde punt as destyds gedurende die ou bedeling en het eenvoudig nie die vermoë om aan te pas by God se bedoeling in die radikale koms van Jesus Christus nie.

Ironies genoeg haak die meeste Christene in die postmoderne wêreld blykbaar steeds by die ou bedeling se paradigma vas. Vandag nog word die meeste kerke daardeur gedefinieer. Dit is 'n paradigma wat afhanklikheid en beheer, begrensing en 'n beheptheid met die self vertoon. Die lokus is steeds buite hulself, want dit is in kerklike strukture, in kerklike ampte en in kerklike feeste.

Die ou bedeling se begripsraamwerk hou 'n legio gevolge vir die mens en die kerk in. Ek glo dit is een van die redes waarom die kerk so sukkel om in hierdie vinnig veranderende wêreld met al sy kompleksiteit 'n wesenlike verskil te maak.

Ons moet besef die kerk soos dit vandag is, is nie die kontrole met die wêreld as die "eksperiment" nie. Nee, in God se oorspronklike bedoeling is die wêreld op sigself die kontrole. Intussen het die kerk ons eie eksperiment geword van hoe ons hoop om met die wêreld om te gaan.

In my kinderdae was die ou bedeling ook my verwysingsraamwerk. In ons oupas en oumas se huise was daar dikwels prentjies in portretrame van die smal weg teenoor die breë weg met sy voorstelling van die brandende vuur in die hel. Vir soveel eeue het Christene hulself vertel dat hulle nie goed genoeg is nie en tog maar tot mislukking gedoem is.

Ons is met ander woorde gedryf deur 'n vrees vir straf en vir die dood. As jy nie soet is nie, gaan jy gestraf word. As jy jou nie bekeer nie, wag God se ewige oordeel op jou.

Hierdie toestand van konstante vrees veroorsaak dat die mens groot pyn en onsekerheid ervaar wat maak dat hy maklik in ontkenning verval. Ter wille van selfbehoud wil hy nie enige kanse waag en hom verder blootstel nie. Hy glo dis makliker om in sonde te bly voortleef.

Al verloën hy homself gedurig, is dit steeds beter as die straf wat op hom wag.

In só 'n situasie bied die kerk as speelplek vir soveel Jesus-kepse 'n veilige gemaksone, want elke Sondag kan jy nogeens jou sondes gaan bely. Die Sondag se erediens is die belangrikste ding in my lewe, sê mense gereeld vir my. Dit is waarskynlik omdat dit amper al is wat oorgebly het om aan vas te hou.

Baie Jesus-kepse sit vasgevang in die populêre ruimte van Sondagvermaak wat hulle 'n erediens noem. Sondag ná Sondag woon hulle die kerkdiens by sonder om gedurende die week 'n werklike impak op hul naastes óf gemeenskap te maak. Sommige kom wel nog by gebedsgroepies of selgroepe uit, maar dié groepe word dikwels ook bedryf sonder om enige impak in die samelewing te maak.

Ek was in 'n stadium deel van hierdie erediensritueel op Sondae, maar vandag verstaan ek dat dit op sigself nie goed genoeg is nie. Christene moet verstaan dat daar anderkant die mure van die kerkgebou 'n nuwe wêreld vir jou wag net soos wat daar destyds vir die eerste Christene 'n nuwe wêreld anderkant die mure van Jerusalem en die Tempel gewag het.

Ons hou die ou bedeling in stand sonder om te besef dat dit 'n geleentheid is om radikaal núút te besin oor hoekom ons doen wat ons doen. Almal is besig, maar ons mis die hoër doel: die Gees, die eenwees met God.

Geen wonder daar is nie 'n behoorlike Afrikaanse woord vir die Engelse woord *purpose* nie. Om te weet wat jou *purpose* is, is om te vra na die rede en diepere betekenis van die lewe. Wat is die hoër doel in die lewe? Ons het nie juis 'n antwoord op dié vraag nie, of hoe?

Wat sou dan ook die hoër doel van God se Kerk wees? Vra ons ooit nog hierdie vraag?

Tans hou ons die georganiseerde godsdiens en die kerk in stand, al bied dit nie vir ons die regte uitkomste nie. Om te verander gaan dalk net te swaar wees en te veel pyn bring. Daarom is dit vir die meeste gelowiges nie 'n opsie nie.

Gevolglik word die spontane, intuïtiewe invloed van die Gees van God in die mens misken en gaan soveel van die Goddelike potensiaal in mense verlore. Dink net 'n oomblik watter impak 'n Christendom wat vry is van vrees, onsekerheid en veroordeling op hierdie wêreld kan hê.

Intussen navigeer ons 'n sinkende skip en is nie ons óf ons kinders voorbereid daarop om ons in 'n komplekse, immer veranderende wêreld te handhaaf nie. My punt is dat nóg ons as gelowiges nóg die kerk tans vorentoe beweeg; ons bly net waar ons is. Ons bly in ons gemaksone en die gevolg is dat daar op vele plekke agteruitgang eerder as vooruitgang is.

Wat het ons nodig om uit die ou bedeling se manier van glo te breek? Die antwoord is eenvoudig: 'n radikale herinterpretasie van wat 'n *bedoelde* lewe beteken; dit wil sê, die lewe as 'n geïntegreerde ervaring.

Waarop dit neerkom, is dat elke liewe aspek van my lewe deur my geloof bepaal word. Geloof is nie meer iets wat ek net op Sondae beoefen nie, dis nie iets apart of los van my "gewone lewe" nie. My verhouding met God omsluit letterlik álles: van my private lewe met my verhoudings inbegrepe, tot my besigheidslewe en hoe ek my in my gemeenskap handhaaf; selfs hoe ek optree teenoor ons kosbare omgewing.

Ek bestuur nie meer my godsdiens nie, ek leef vanuit my godsdiens.

Alles word een.

6

Die Christen en die kerk in krisis

Ongeveer 2 000 jaar ná die koms van Christus tree Christene op sekere maniere op en glo hulle bepaalde dinge wat hulle verhinder om hul Christenskap ten volle uit te leef en gevolglik bevind hulle hul in 'n krisis.

In die eerste plek trek Christene laer in hul eie eksklusiwiteit en sluit hulle hul af eerder as om na die wêreld – die plek van werk en lewe, met ander woorde, God se wêreld – te gaan. Ek glo dit word primêr gedryf deur vrees en onsekerheid. Ek was eens ook daar.

So word ons alleenmense en alleengemeentes of kerke waar gelowiges geïsoleer is. Hulle is na binne gekeer en is net op hulself aangewese, wat beteken dat selfs al is die een langs my besig om van die honger en dors te vergaan, ek steeds in my kokon van afsondering sal bly. Kyk maar net waar dit die meeste tradisionele kerke of gemeentes laat.

Terloops, ek dink nie die wêreld steur hom hoegenaamd meer aan Christene nie. Ons impak is minimaal en gevolglik kyk niemand meer na die Christendom vir uitkoms nie. Nie net het die Christene totaal irrelevant geword nie, maar so ook hul menings.

'n Tweede punt wat hiermee verband hou, is dat daar te veel Christene is wat glo die wêreld is 'n slegte plek. "As die Here tog maar net wil kom en ons verlos van hierdie plek," hoor ek deurentyd. Hoor my lied: Hierdie aarde is God se plek en hierdie plek is goed. Die wêreld waaroor ons aangestel is om oor te heers, het egter seergekry; ons instellings het ons in die steek gelaat, ons landskappe is gekneus, maar wegkom is geen oplossing nie. Die wêreld, hierdie plek, móét werk; ons is hier om te bly.

Geestelike intelligensie is 'n integrale deel van wie ons is en waarvoor ons geskape is. Daar is dus 'n hoër doel en ons is bemagtig om dit na te streef.

In die derde plek lei Christene onder 'n gebrek aan goeie leierskap. Ek het onlangs met senior bestuurspanne oor leierskapskwessies byeengekom en vinnig besef dat hulle nie 'n gesprek hieroor kan voer nie. Dít ten spyte van al hul geleerdheid en universiteitsgrade in die bestuurswetenskappe. Indien maatskappye soveel uitdagings ten opsigte van leierskap ervaar, kan 'n mens maar net dink hoe dit in die kerk gaan.

Dit is terwyl ons gemeenskappe dors na leiers wat 'n wesenlike verskil maak. Ons het leiers nodig na wie ons kan opkyk; mense wat inspireer en wat ons oor die toekoms kan laat droom.

In die vierde plek lyk dit asof Christene sukkel om in te sien dat die mens en die planeet alles een groot geheel vorm. Die wêreld het nie wonderwerke nodig nie, maar eerder 'n besef dat ons hier met 'n groter sisteem te make het en dat dit is hoe dit oorspronklik bedoel is. Alles hou verband met mekaar en in alles is daar variasie – dit is waarvan ons moet sin maak. Daarin lê die wonder. Ons moet dus vinnig leer om intelligent met ons konteks om te gaan. 'n Konteks waar ons nie bang is vir variasie en interafhanklikhede nie. Alles is een groot geheel en ons kan dit insien en ook effektief bestuur.

God het vir ons op bruikleen 'n oop sisteem gegee. Ons het dalk 'n magdom geslote sisteme daaruit gevorm, maar dit verander niks aan sy oorspronklike bedoeling daarmee nie.

Daarom bly dit vir my altyd vreemd wanneer 'n kerk of 'n profeet mense bymekaar bring vir byvoorbeeld 'n gebed vir reën in 'n plek of tyd waar dit meestal droog is. Duidelik is daardie gebied nie bedoel om elke jaar ewe veel reën op elke plaas te kry soos dit die mens behaag nie.

'n Land soos Suid-Afrika sal altyd droogtes en skaarste hê, maar dikwels ook oorvloed. Juis hierin lê die wonder van wat die almagtige God eenmaal geskep het.

Dit is 'n sisteem wat homself kan onderhou en met verloop van tyd sal herstel sonder dat ons hoef in te meng. Die aarde sal 'n manier vind om die balans weer terug te bring nadat ons, die mens, dit ontwrig het. Die kwessie hier is nie of die planeet dit kan hanteer nie, maar eerder of die mensdom die aarde en homself doeltreffend kan bestuur.

Maar kan God nie ook ingryp nie? kan sommige mense dalk vra. Ja, natuurlik, want Hy is soewerein en Hy kan doen wat Hy wil. Die vraag is of Hy dit wat Hy so gereeld in die ou bedeling moes doen om die mens weer tot sy sinne te bring en aan die lewe te hou, steeds wil aanhou doen?! Ek vermoed die antwoord hierop is *nee*.

Onthou, alle verhoudinge is herstel met die koms van Christus. Wat tevore selektief en afgesonder was, is nou vir almal in oorvloed beskikbaar. Hierdie oorvloed behoort ook in ons verstaan en bedoeling te wees.

Die moderne, geïnstitusionaliseerde kerk word self deur tientalle krisisse en uitdagings in die gesig gestaar. Voordat die kerk homself nie regruk en terugkeer na sy oorspronklike bedoeling nie, gaan Christene al hoe meer hul heil vind buite die kerklike struktuur en al hoe meer wegbeweeg van wat eens die grootste enkele boublok was wat vastigheid in die samelewing gebring het.

Soos ek dit sien, is die kerk as instelling vandag hoogstens 'n veilige hawe; 'n ankerplek vir stukkende mense, 'n plek van vertroosting. Dit is egter sonder 'n hoër doel en help mense nie om 'n werklik geïntegreerde lewe te lei nie.

Die georganiseerde godsdiens wil konformeer en beheer. Dit sien skriftuurlik 'n mislukking in feitlik alles; die mens is net nooit goed genoeg nie. Godsdiens het God in reëls en regulasies ingehok en op hierdie wyse ook gelowiges hierby ingepak. Dit is deel van die kerk se ellende dat hy steeds hierby vashaak en gevolglik betrokke is by 'n magdom goed wat nie regtig saak maak nie.

Soveel kerke word ook swak of sommer net in die grond in bestuur terwyl ander lomp en stadig geword het in hul bediening. Dan is daar weer diegene wat hierdie gesukkel gebruik om mense uit te buit en die kerk soos 'n besigheid vir eie gewin te bestuur. Dit word 'n geldmaakspeletjie totdat jy die dag uitgevang word, maar dit gebeur gewoonlik nie gou nie omdat soveel gelowiges ongelukkig geweldig naïef is en in sommige kulture selfs bygelowig.

Die kerk het boonop die speelpark geword van geestelike leiers wat daarin mislei is om te dink hulle moet op die openbare of publieke platform presteer om vooruit te kom. Almal móét preek en vir hulle wat nie goed is daarmee nie, word dit 'n nagmerrie-ervaring. Des te meer vir diegene wat na hulle moet luister.

Sommige geestelike leiers word gedryf deur ego, hoogmoed en selfgerigtheid, maar vir die meeste is dit gewoon 'n persoonlike stryd om oorlewing omdat die eise en verwagtinge wat gestel word, baie hoog is. Gevolglik ontstaan daar 'n doellose geploeter na finansiële oorlewing waar die een net probeer beter doen as sy eweknie aan die ander kant van die draad. 'n Draad wat nooit veronderstel was om daar te wees nie.

Voorts is ek verstom oor hoeveel erkenning daar aan die bose of die duiwel in talle makrogemeentes of kerke gegee word. Die lewe is daarom vir talle Jesus-kepse grotendeels 'n oorlewingstryd en hulle sien die "vyand" oral in die samelewing. Soos ek reeds genoem het, maak dit egter vir iemand wat die opgestane Here dien en aanbid, hoegenaamd geen sin nie.

Ons behoort ook krities te dink oor ons oormatige fokus op elke Sondag se aanbiddingseremonies; seremonies wat amper geen relevansie het vir wat gedurende die res van die week gebeur nie. Dit is seker die grootste ellende van vandag se Christelike kerk. 'n Skouspel op 'n Sondag, 'n vermaaklikheidskonsert wat beter as jou buurman s'n moet wees, het die norm geword. Die res van die week is daar dan 'n gekerm oor hoe sleg dit met die mensdom gaan (en dikwels word die kerk ook bygesleep).

Ek het eendag met 'n gemeente gaan praat oor 'n nuwe beskouing van geloof. Ek vra hulle toe wat "groei" vir hulle beteken. Hulle sê toe dit beteken vir hulle 'n orkes wat by die aanddiens kan speel wat beter is as hulle buurgemeentes s'n, want op dié wyse trek hulle die jongmense van daardie gemeentes. Sodoende word hulle voortbestaan gewaarborg.

Ek het voorgestel dat hulle die gemeente dan eerder net sluit. Dit het omtrent die knuppel in die hoenderhok gegooi en só kon ek die nodige kreatiewe spanning skep ten einde die gesprek sinvol verder te voer. Natuurlik wou hulle nie die gemeente sluit nie. Maar hoekom nie? Dit bly die belangrike vraag. Waarmee is ons régtig besig? vra ek.

Boonop jaag soveel kerke die aanbieding van nog meer godsdiensaktiwiteite of -programme na. Dít terwyl ons samelewing reeds so oorgeorganiseerd is. Ek vermoed dis 'n spontane *knee-jerk*-reaksie deur 'n instelling wat onder druk is en nie van beter weet nie. Al wat dit doen, is om mense se lewe net nog verder te fragmenteer. Die kerk se bedoeling is dalk goed, maar dit maak hom net nog irrelevanter.

Programme rondom Christenwees kan nie die toepassing van Christenwees vervang nie. Nog meer aktiwiteite sal nie jou lewe verander en dit sinvoller maak nie. Die verandering wat jy soek, lê op 'n ander vlak.

Wat gelowiges nodig het, is om die kuns van die volheid van die lewe aan te leer. Jy moet ervaar hoe dit is wanneer belangrike dinge in jou lewe – soos jou huwelik en jou professionele lewe – effektief funksioneer.

Jy moet metafories gesproke aanbeweeg van iemand wat 'n musiekinstrument probeer speel na iemand wat reeds 'n musikant is. Dit moenie meer nodig wees om die note te lees nie – jy moet in jou wese één wees met die melodie. Jy moet die lewensmelodie kan opneem in die normale gang van die lewe en versmelt met wat reeds daar is.

Soveel mense glo dat hierdie saamspeel in die musiekblyspel van die lewe nie moontlik is nie. Ja, natuurlik het jy iemand nodig om jou af te rig en in die regte rigting te stuur ten einde die volheid van die lewe te ervaar. En dit verg tyd en toewyding. Ja, ons hét rolmodelle van die lewe nodig en hulle is vandag baie, baie skaars, maar die sin van die lewe is nie onbereikbaar nie. Dit is daar en dit wag vir jou. Jy moet net uitreik daarnatoe.

Die vroeë Christene het iets van hierdie "grit" of vasbyt in hulself gehad. Saam met vasbyt kom ook 'n gevoel van hoort, want ek word een met wat reeds is. Ek is deel van iets groters omdat ek altyd die Gees van God ín my het.

Wanneer jy Christus in jou het, het jy nie slegs 'n langertermynperspektief op en doel in die lewe nie, maar kan jy reeds in híérdie lewe die passie en plesier daarvan beleef om gelowig voluit te lewe.

Wanneer ons kampe aanbied, vra ons kampbywoners gereeld waarheen hul horlosietyd gaan. Dis amper soos 'n pizza, het ons verduidelik, waar die verskillende skywe in die pizza die belangrikste komponente in jou lewe voorstel. Mense is dikwels ontsteld wanneer hulle besef hoe belangrik die godsdiensskyf vir hulle is, maar hoe klein dit in vergelyking met die totale pizza-tydsverdeling is.

Ek kom uit 'n era waarin ons twee eredienste op 'n Sondag gehad het; een in die oggend en een in die aand vir dieselfde mense. Hoe kwaad kon ons predikers nie word as die aanddiens nie goed bygewoon word nie! Ons het dan allerlei truuks en toertjies uitgehaal om bywoning te verbeter.

Ons vra dan altyd vir die kampbywoners om nooit weer 'n slagoffer van so 'n klein stukkie pizza-geloofservaring te wees nie. Inteendeel, ons soek eintlik na 'n radikale nuwe begrip van die pizza waar die deeg jou geestelike lewe voorstel en ook die Gees insluit. Omdat jy in die Gees is in alles wat jy doen, behoort die deeg dus in elke aspek van jou lewe ingesuur te wees.

Daar is nie meer 'n "Church on Sunday and work on Monday"-opsie soos die Amerikaanse akademikus Laura Nash dit in een van haar boeke beskryf nie. Daardie paradigma bestaan nie meer nie.

Die reis met Jesus Christus is veronderstel om 'n uitdagende avontuur van radikale ándersheid en toewyding te wees. Dit is soveel meer as om bloot die Sondag-erediens by te woon.

Terwyl ek op hierdie punt is: Ek kan my dit nie voorstel

dat God bedoel het ons moet sewe dae van die week só besig wees dat ons nie tyd het om werklik te rus nie. Daar is beslis baie sin in die oorspronklike gebruik van werk vir ses dae en rus op die sewende. Ek het dit lank nie kon regkry nie en dit was 'n groot fout. Vandag lei ek my lewe egter al hoe meer so – met genoeg ruskans.

Die kerk van die 21ste eeu verwys graag na homself as die een wat die Koninkryk van God sal laat kom. Na my mening is die kerk in die algemeen vandag egter 'n skrale nabootsing van wat die Koninkryk van God veronderstel is om te wees.

Vir my persoonlik behoort die Koninkryk van God allesomvattend en insluitend te wees van die mens se totale lewe, insluitend sy menswees. 'n Sinvolle bestaan, geïntegreerd in *een*.

Die Koninkryk het reeds gekom in Christus. God is met ander woorde deur Christus aanwesig in alles wat ons doen. Hierdie is sy plek. God is in almal en in alles. Alles behoort aan God.

Die wêreld moet werk, want die wêreld was bedoel om te werk. Wat stukkend geraak het, kan herstel word; opnuut volledig gemaak word. Hierin lê die potensiaal vir 'n nuwe moontlikheid.

Vir die Christen bied die Koninkryk van God die geleentheid om die volheid van lewe in alles en almal te ervaar. Wie vir Jesus gesien het, het ook vir God gesien. Hy moes volledig mens word sodat ons die volheid van sy menswees kon beleef en ervaar. Vir ons om te weet wie God is, moet ons dus die natuurlike menslike bestaan van

Jesus eers erken, sien en verstaan. Ek en jy moet outentiek mens word in Christus. Ek in Christus en Christus in my. God het hom nie net in Christus kom ten toon stel nie, hy het ook sy Gees en die Goddelike natuur van sy hemelse krag gegee aan elkeen wat bely dat Jesus die Here is. Dit is 'n lewe wat gevul is met belofte sodat ons sy wil kan naleef en *nee* kan sê vir wat verkeerd is. Petrus is baie duidelik hieroor in 2 Petrus 1, naamlik dat ons al hoe meer deel kry aan God se karakter deur so te leef.

Ek word getransformeer om soos Jesus te wees. Volgens Romeine 8 word ek 'n lewende ikoon van my Broer, naamlik Christus. Ek trap op sy spoor en word Christus vir ander. Enigiets minder as dit sal net 'n valse of verskraalde voorstelling wees van die Een wat gekom het.

Romeine 8 maak van ons lewende ikone wat Jesus Christus in die dorp se strate ráák leef en nie bloot 'n historiese voorstelling is van mense wat eenmaal lank terug geleef het nie. Dit is geen wonder nie dat Paulus in 1 Korintiërs 11 van ander gelowiges verwag om in sy spoor te stap, net soos hy in Christus se spoor stap nie. Hoekom sal dit met my en jou dan anders wees?

Jesus het menswees kom vervolmaak en daarom kan ek ook, radikaal anders, Christus word vir ander met die krag van die Gees in my. Sodoende kan ander mense weer in mý spore trap.

7

Handelingsvryheid

Soos ek dit sien, het Adam en die eerste mense aanvanklik 'n intuïtiewe kennis gehad van wat reg en goed was. Dit was vasgelê in die mens se ontwerp. Daar was aanvanklik 'n eenvoudige en instinktiewe begrip van wat dit beteken om geïntegreerd een te wees – met God, met mekaar en met die omgewing. Daar was 'n natuurlike proses van versorging en omgee. Die liefde en versorging van 'n ma vir haar kind, die spontane omgang met die diere van die veld, die voëls in die hemelruim en die visse van die see.

Elke plant en elke organisme het betekenis en waarde gehad. Dit was een sisteem wat getuig het van harmonie, sintese, interafhanklikheid en betekenis.

Omdat die mens die Gees van God in hom gehad het, was sy onderbewussyn gevul met die Gees en die waarheid van die Gees. Hy kon dus intuïtief dit wat reg was, doen en leef.

Hierdie instinktiewe gedrag is dus heel aan die begin vir die mens vasgelê. Dit is gewoon wie hy was. Daarom dat die Skeppergod kon terugstaan en sê dit wat geskep is, is goed. Dit werk.

Ek wil myself eers hier onderbreek om 'n ervaring uit my professionele lewe te deel. In latere jare nadat ek die weermag verlaat het, het ek 'n maatskappy begin wat mense help om leiersvaardighede te ontwikkel en spanne binne 'n besigheidskonteks te help groei.

Ons speelveld in die besigheidswêreld het al hoe meer geword dié van geoptimaliseerde vloei van die geheel met beskermde kapasiteit. Wat hiermee bedoel word, is dat die mens en so ook besighede altyd gefragmenteerd is in denke, samestelling en struktuur. Mense verwys altyd na die silo's in die besigheid terwyl hierdie fragmentasie nog verder verdeel in subkulture, funksionele divisies of afdelings, asook denkpatrone tussen verskillende generasies. As jy egter 'n besigheid wil laat groei en beter laat presteer, moet jy dit as 'n geheel bestuur; die verbande en interafhanklikhede moet jy raaksien, maar ook genoeg spaarkapasiteit skep in buffers waar jy sekere kritiese aspekte vir vloei beskerm met voldoende vermoëns. Jy kan dus nie bekostig om uit sekere voorraadvlakke – of gewoon net uit tyd – te raak, of selfs tyd te mors in aktiwiteite wat geen sin maak nie. Dit vra op sy beurt vir leierskapsdenke wat getuig van groter waagmoed, buigsaamheid en vinniger, bykans intuïtiewe besluitneming.

Om op hierdie manier te lei, vra weer vir kalmte, 'n holistiese aanslag, proaktiewe optrede, insig en die vermoë om oor die werklikheid te kan reflekteer. Jy moet ook die wil hê om met verskillende moontlikhede of alternatiewe te speel.

Goed soos variasie in die samelewing en die interafhanklikhede waar alles met alles verband hou binne 'n vinnig veranderende konteks, het ons gemaksone geword vir fasilitering binne besigheidsondernemings.

Hou in gedagte dat die meeste besigheidsleiers graag in beheer van alles wil wees. Hulle word gedryf deur vrees en sukses en glo dat hulle 'n oog op alles moet kan hou. Dit impliseer leierskap en bestuur wat geweldig dominerend en veeleisend is. Dit word primêr gedryf deur 'n oortuiging dat sou hulle alles kan beheer, hulle suksesvoller sal wees. Ons ervaring in die fasilitering van besigheid wat geweldig gekompliseerd is, is presies die teenoorgestelde. Weens die geweldige variasie en interafhanklikhede is dit onmoontlik om alles te wil beheer en daarom moet die mens, of leier, leer om aanpasbaarder om te gaan met sy omgewing en uitdagings.

Die groot vraag is dan: Hoe verander ons dit wat so gekompliseerd en verwarrend is na iets wat funksioneel en effektief is vir 'n besigheid? Die belangrikste sleutel hiertoe is aanpasbaarheid. Die mens of leier moenie heeltyd wil teruggryp na die verlede nie en moet die wil hê om aan te beweeg, ongeag onsekerheid.

Om hierdie verandering in leierskap te fasiliteer, neem ek gereeld senior bestuurspanne na die Timbavati Private Natuurreservaat vir 'n vier dae lange bosveldbelewenis. Ek het seker al meer as 150 senior bestuurspanne daar gehad en baie het dit agterna beskryf as die beste intervensie wat hulle nog ooit beleef het.

Die eintlike waarde lê daarin dat besigheidspanne veronderstel is om ná afloop van dié belewenis terug te keer na hul onderskeie lewens en dan self 'n klomp goed in hul persoonlike lewe, hul span en die besigheid te verander. Op grond van die werk wat ons doen, kan die groei in hul besigheid enigiets van 15% tot 50% wees deur net hul denkraamwerke te verskuif en anders oor dinge te dink.

Wat is so kragtig aan hierdie boservaring dat dit mense en besighede so ingrypend verander? Dit word immers nie aangebied as 'n geestelike intervensie waar die radikaliteit van Christus se dood, opstanding en die uitstorting van die Heilige Gees ter sprake kom nie.

Die antwoord is eenvoudig: Wanneer ons in die Timbavati is, word die mens een met sy omgewing en daarmee ook met sy oorspronklike, bedoelde werklikheid. Skielik word dit die natuurlikste ding om tyd deur te bring in die teenwoordigheid van diere wat andersins as gevaarlik beskou word.

Die groep stap of ry dikwels in die veld. Wanneer ons op olifante afkom, bied dit 'n wonderlike geleentheid om hierdie diere in hulle majestueuse grootsheid te ervaar. Gewoonlik sal die groep die tweede oggend 'n baie vars leeu- of renosterspoor vat en spoorsny tot by die trop leeus of renosters. Daarna keer ons terug na 'n plek van refleksie waar die oggendkoffie of 'n laat ontbyt op ons wag.

Natuurlik sal mense dit normaalweg moeilik vind om naby wilde leeus te kom, maar wanneer ons groep mekaar eers begin vertrou en die span begin één word met mekaar, hul omgewing en die fasiliteerders, is al hierdie goed inderdaad moontlik. Die groepslede word in hul onderbewussyn gekonfronteer met iets wat vantevore daar was en ook met hoe dit bedoel is om te wees. Hy wat daar aankom met 'n vrees vir leeus, olifante, slange, spinnekoppe en baie ander goed, gaan huis toe bevry van iets wat nooit moes gewees het nie.

Soos die mens een word met die natuur, word hy een met die totale sisteem. Die mens word in die proses ook een met God en die Goddelike bedoeling, ongeag wat hy in daardie stadium van God glo of weet. Dit gebeur net.

Wanneer die mens een word met sy oorspronklike bedoeling, begin hy 'n idee kry van die beginsels en krag van 'n oop sisteem – hy kry insig in die interafhanklikhede en die dans van die omgewing in een groot ritme van verstaan en sin. Ook die variasie en verandering in die groter sisteem begin sin maak.

Dit is die musiekblyspel van die lewe wat getuig van harmonie en sinergie.

Hoewel ek my kliënte nie in die Timbavati tot nuwe geestelike insigte rondom Christus se koms probeer bring nie, kry hulle gewoonlik groter insig in die harmonie en sin wat reeds in die lewe aanwesig is. Dit bring 'n verskuiwing in hul denkraamwerke mee wat tot nuwe insig en dieper begrip lei.

Hulle besef dat die lewensreis baie geesteliker is as wat hulle gedink het. Mense besef daar is ánder moontlikhede en dit help my weer om verder met 'n individu of span te werk.

Gedurende dié intervensie kom groepslede dus weer in aanraking met hul intuïtiewe wete en begin hulle afsien van hul selfgesentreerde en instinktiewe oorlewingsgedrag. Nadat God sy Gees aan die mens onttrek het, was die mens naamlik nie meer in voeling met sy intuïtiewe wete van wat goed is nie. Die gevolg is 'n instinktiewe optrede wat net op oorlewing gerig is – ego, eie wil, selfgeldende gedrag en ander gedragspatrone wat ingestel is op eie gewin en kenmerkend is hiervan.

Die blootstelling aan die natuur en sy ordeningsbeginsels help die mens om sy ou denke met iets nuuts te vervang. Dit bring hom by 'n eerlike, intuïtiewe soeke na die bedoeling in God se oorspronklike ontwerp, naamlik dat ons ter wille van mekaar bestaan. Dit is hierdie interafhanklikheid wat sin aan die lewe gee. Dit is wat dit so radikaal maak.

Kom ons keer terug na die oermens. Adam, die eerste mens, is in sy onderbewussyn een met die Gees van God en weet intuïtief wat sy morele kode of kompas is. Hy is as't ware geprogrammeer vir wat goed is. God se oorspronklike bedoeling met die mens is Adam se kledingstuk wanneer hy een is met sy vrou en sy omgewing.

Ná die sondeval is die mens deurlopend in 'n worsteling tussen die bewuste en onbewuste vasgevang en bly hy soekend na wat reg is. Hy verloor die intuïtiewe wete van wat goed is, want hierdie wete word mettertyd vervang deur gedrag wat nie God se belange of oorspronklike bedoeling eerste stel nie.

Die mens is gevolglik ontevrede, onvervuld en onvergenoegd en ontwikkel 'n soort instinktiewe gedrag wat hom glo in staat sal stel om sonder God te oorleef. Dit laat hom wel ontevrede, onvervuld en onvergenoegd en 4 000 jaar lank lei die mens 'n sukkelbestaan en ploeter hy sinloos voort totdat die koms van Christus die moontlikheid van herstel bring.

In die natuur raak 'n mens bewus van hierdie moontlikheid, al gaan dit nie eens gepaard met 'n doelbewuste geestelike besef nie. Dit gebeur bloot op grond van God se algemene genade en die kragtige belewenis daarvan.

In die afwesigheid van die Gees moet alles nou rasioneel verklaar en verstaan word. Die wetenskap word gebruik om alles te ondersteun. Die rede neem oor en sonder dat hy dit besef, verloën die mens sy onbewuste, natuurlike en oorspronklike self.

In die proses regverdig die mens deurlopend enige verkeerde optrede, want hy glo hy is reg in alles wat hy wetenskaplik kan weet, meet of ontleed.

Alles word bepaal deur die mens se behoefte om hom te handhaaf en te laat geld; ook deur middel van sy ego. Die gevolg is 'n mensdom wat gekenmerk word deur aggressie, jaloesie, verwyt, leuens, manipulasie, misleiding, onegtheid, oneerlikheid, geweld en misdaad.

Dit word 'n sieklike vergestalting van die mens se onvermoë om te heers terwyl hy terselfdertyd in beheer wil bly van alles. Hy wil óf alles besit, óf vernietig.

In Christus het die mens terugontvang wat hy ná Adam verloor het, naamlik sy goddelike teenwoordigheid. *En Christos* word sy identiteit. Christenwees gaan nou nie meer oor 'n reeks kerklike aktiwiteite, reëls of programme wat jy moet volg nie, maar eerder oor 'n geheel nuwe lewenstyl.

Christene kan nou volledig méns wees omdat hulle menslikheid ook Goddelike krag impliseer. Dit is wat Jesus Christus vir ons kom doen het en dit is tog radikaal ánders as 'n Christendom waar elkeen net sy "hartjie vir Christus moet gee"?! Daar is bitter min emosie in my *wees* as Christen. Ek word gewoon wie ek bedoel is om te wees. Die Heilige Gees gee vir my 'n nuwe identiteit en as Christen weet en aanvaar ek dit.

Ek verstaan ook dat God my en ander mense se uniekheid en andersheid wil erken en eerbiedig. Daar sal nooit weer iemand soos ek wees nie. My talente en gawes word op 'n harmonieuse wyse met my lewenservaring en lewensin vermeng. Ek vind myself en word my outentieke self wanneer Christus *in* my is.

Wie ek in Christus is, kom gemaklik, spontaan en natuurlik. My hele lewe is 'n uitdrukking van wie Christus is en ek kan my lewe *in* Christus geniet.

God is nie die een of ander "control freak" nie. Hy wil hê ek moet vry wees en wil vir seker nie alles in my lewe beheer nie. Ons is almal in ons persoonlike lewe egter die meeste van die tyd beheervrate – net omdat ons bang en onseker is.

Ek wil my vir 'n oomblik hier onderbreek. Ek besef dat ons begrip van die lewe in verskillende kulture van mekaar verskil. Ek is byvoorbeeld 'n wit Suid-Afrikaner, wat gebore is en grootgeword het in Afrika. Ek is gevorm deur 'n sin van sekerheid en 'n inherente begeerte om in beheer te wil wees en dinge te laat gebeur.

Hierdie beheptheid met "in beheer"-wees is die ding wat dit vir baie wit Afrikaanssprekendes, veral mans, so moeilik maak om hulle in veral hul latere lewensjare te handhaaf. Hulle raak dan toenemend ongeduldig wanneer iets nie uitwerk of presies is soos wat hulle dit wil hê nie.

Hulle raak dan maklik totaal onbeholpe met aanpassing en verandering. Hulle vertel vir hulself dat hulle nie enige handelingsvryheid het nie en voel vasgekeer soos gevangenes in 'n tronk.

Die manier waarop die mens God in die ou bedeling ervaar het, was presies so. God was altyd volledig in beheer. Die mens is toe deur vrees en angs vir God voortgedryf. Hy was ook die een wat alles wat stukkend was, moes regmaak; die mens moes maar net geduldig wag op God se heil en al wat hy kon doen, was om te bid.

In sulke omstandighede is die lokus weer buite die mens – God is weg en ons is soekend. Dit was ook hoe ek God in my kleintyd ervaar het; hy was altyd elders en ek was altyd op soek na Hom.

Soos wat ek dinge egter vandag verstaan – en ek vermoed ook soos die bedoeling in die vroeë Christelike kerk was – is dat God nie vrees, onsekerheid of beheer verteenwoordig nie. Ek sê weer: God is nie die een of ander "control freak" nie, Hy wil my vry maak.

God maak my vry om sélf keuses te maak en sélf verantwoordelikheid te neem. Daar moet by my geen vrees of angs wees nie, want dit sal my net lomp en irrelevant maak in die lewe. God se oordeel of straf is nie meer vir mý bedoel nie. Dit is vir ongelowiges en nie vir iemand wat Christus in hulle het nie.

Hy wil hê ek moet by die herskepping betrokke raak. Dit vereis vryheid, beweging en groter handelingsvryheid. God moet my kan vertrou in die lewe anderkant die spreekwoordelike grense van die gemeente of van kerkwees. Hy moet my kan vertrou in sy afwesigheid omdat ek hom verteenwoordig met die Gees van God wat in my is.

Vir ons wat in Christus leef, verteenwoordig dit 'n totaal nuwe begin. Hierin lê ook die relevansie van die kerk – deur die instelling se betrokkenheid by die lewe in Christus en die nuwe moontlikhede wat dit skep.

God is veranderend by hierdie wêreld betrokke deur ons, die Christene, se doen en late. Ons laat dinge gebeur.

8

Onstuitbaar

Dit is nou al etlike dekades sedert ek op my eerste mannekamp gegaan het. Ek was op daardie tydstip al sowat 10 jaar die predikant in stedelike gemeentes en die kamp was saam met lede van 'n gemeente.

Ek was verbaas toe ons kampleier my die een dag half sarkasties vra of ek, die predikant, nou al tot bekering gekom het. Dit was 'n ander manier vir hom om te vra of ek al by die punt is waar hy was. Wie is hierdie mense? het ek destyds gewonder. Vandag sou ek hom as 'n tipiese Jesus-keps kon erken.

Ek kon maar net binnetoe glimlag, want ek het geweet dat ek in daardie stadium reeds my kop, my totale denke, en my onbewuste self aan God onderwerp het. Ek is hierin ondergeskik aan die gesag van die Een wat Homself die Here noem. Binne my was daar 'n stille oortuiging en 'n sekerheid.

Hierdie soort vroomheid en voorgee, of sommer doodgewoon skynheiligheid, is vir my weersinwekkend. Jare later het ek self by die organisering van kampe betrokke geraak en ek hoop dat ek 'n bydrae gelewer het om te verseker dat daar afgesien word van hierdie meerderwaardigheid en oppervlakkige begrip van wat dit beteken om te behóórt.

Vir my is my geloof 'n stil, geestelike reis; 'n eenvoudige pad van doen en leef en laat leef, 'n stuk egtheid of opregtheid. As iemand eers in soveel woorde moet sê dat hy 'n Christen is, kry ek summier 'n beklemming om my hart. Dan staal ek my solank vir die teleurstelling of ontnugtering wat tien teen een gaan kom.

Ek het lank gelede al opgehou besigheid doen, of selfs net saamwerk, met die groot Jesus-kepse in die dorp of stad waar ek my bevind het. Dit is vreemd, maar ek is nog altyd deur hulle teleurgestel.

Toe ek my tesis op universiteit moes skryf, het die werk en denke van die Duitse teoloog Dietrich Bonhoeffer 'n groot impak op my denke gehad. Sy werk het my gehelp om die volgende gedagte te verstaan: "Jesus does not call men to a new religion, but to life."

Die eerste Christene het lank gelede reeds begryp dat dit met geloof 'n geval was van gemeenskap eerste; dade het hieruit gevolg en dan het geloof bygekom. Vandag wil ons hierdie volgorde die hele tyd omdraai en ek dink dit is net hier waar ons probleme begin.

Toe Jesus Christus gesê het "volg My" het sy volgelinge hul ou lewe gelos en 'n nuwe gemeenskap, 'n nuwe manier van lewe, begin. Hierdie ouens het gewoon uitgegaan en gelewe. Hulle het nie net gesit en luister na teologiese besinnings nie. Jesus Christus het 'n eenkantbediening gehad; op die rand van chaos, daar waar niemand anders wou gaan nie. Maar Hy het dit ook in eenvoud gedoen.

Die eenvoud van kuier, saam eet en spontaan gesels. Hy het godsdiens maklik en menslik gemaak.

Hulle het na stories geluister van hoe om teenoor mekaar op te tree en hoe om in die wêreld te leef en te oorleef. Deur goed saam te doen het hulle begin om die lewe anders te sien. Deur te lewe en te dóén het hulle as't ware nuwe oë ontvang.

Hierin lê natuurlik ook die sleutel vir hoe om mense se gedrag te verander. Mense het 'n belewenis nodig van iets wat werk en wil verstaan hoekom dit werk om tot nuwe insig te kom. Geloof het met ander woorde 'n praktiese en alledaagse ervaring of belewenis geword.

Die Koninkryk van God bestaan uit die weerkaatsing van Jesus se aksies en optredes, want dit verteenwoordig die beginsels van die Koninkryk. Sy optrede is deurspek met die grondbeginsels van die lewe.

Kortom, die eerste Christene het nie gesit en hoop die wêreld sou verander nie – hulle het uitgegaan en dit gewoon gaan verander. Deur te doen waarvan hulle oortuig was, het hulle sélf ook verander. Geloof en die vraag of iemand reeds sy hart vir Jesus gegee het, was die laaste ding in hul gedagtes.

Jesus se kruisdood en opstanding het 'n nuwe bedeling geopen en 'n nuwe geloof geword. Dit was 'n keerpunt in die geskiedenis van die Christelike geloofsreis. Vandag soek mense na wonders sonder om te besef dat díe draaipunt rééds die wonderwerk was. Die *metanoia*, oftewel nuwe sienswyse, het beteken dat Christene 'n nuwe perspektief gehad het wat hulle uit die algemene geploeter van die mensdom gehaal en hulle 'n lewe gebied het wat sin maak.

Soos reeds genoem, is daar in die nuwe bedeling ook nie so 'n beheptheid met beheer nie. Hierdie nastrewing van beheer is iets wat nie net in die geïnstitusionaliseerde kerk te vind is nie, maar ook in die losser Christelike bewegings.

Ek is by geleentheid gevra om as 'n aanbieder by 'n Mighty Men-konferensie in die Kaap op te tree. Hoewel ek nog nooit een bygewoon het nie, het ek verskriklik bevoorreg gevoel om gevra te wees. Ongeveer 'n week voor die geleentheid kry ek 'n boodskap van die organiseerder dat een van die groot ooms wat die geleentheid reël, wil weet waaroor ek gaan praat.

Control freaks, dink ek. *Hoekom het hulle my in die eerste plek gevra?!* Boonop is ek so te sê klaar met my voorbereiding. Ek laat weet hulle toe dat dit niks met hulle óf hom uit te waai het nie.

Die hele geleentheid is gedryf deur wantroue en 'n behoefte aan beheer wat op sý beurt deur vrees gedryf is. Waar is die selfversekerde, natuurlike Jesus Christus in hulle storie? het ek agterna gewonder. Hier was 'n totale gebrek aan goeie missiegerigte leierskap waar die aanvanklike bedoeling duidelik gekommunikeer word en sprekers, in hierdie geval ek, bemagtig en vertrou word om die werk te doen.

Ongelukkig is daar min geestelike leiers wat weet hoe om hierdie geneigdheid tot "in beheer"-wees teen te staan en die regte soort leiding te gee.

Ek weet daar is in geestelike kringe kollegas wat anders is, maar ek tel hulle op min vingers. Jy behoort dalk vandag tot 'n kerk; nogtans moet jy seker maak jy is nie in die verkeerde kerk nie.

Die mense van God, God se Kerk – die ekklesia – word koningskinders wanneer ons doelgerig die liefde van God deur omgee, goedheid, genade, vergifnis en geregtigheid vir ander demonstreer. Ons probeer nie alles beheer nie en fokus eerder net op wat rég is en die rol wat ons daarin te speel het.

Hou in gedagte dat as jy met jou huidige paradigma of bril na hierdie stukkende wêreld kyk, sal min dinge vir jou sin maak. Die hooplose gespartel en onsekerheid maak dat baie mense nie eens wil begin of probeer om dit te verander nie.

Dit is gewoonlik onder sulke omstandighede dat sommige mense na die wapen wil gryp en wil oorlog maak; ook in die naam van Godsdiens. Hulle wil dan ook laertrek en eenkant bid dat die Here tog net moet kom. Hierin is egter geen uitkoms of toekoms te vinde nie.

Wat ek voorstaan, is iets meer radikaals en dit is 'n mens wat tot inkeer kom en nuut besin oor sy Goddelike roeping en opdrag, maar dan *in* Christus.

Die Duitse sosioloog en psigoanalis Eric Fromm het by geleentheid gesê: "Love is the only satisfactory answer to the problem of human existence."

'n Mens kan tereg vra: Waarom is liefde dan nie een van die strategiese kragte in die besigheidswêreld, of 'n kernwaarde in die samelewing vir ons voortbestaan nie?

Ek vermoed dit is omdat dit vir die meeste van ons net te moeilik is om in liefde te lewe. Maar is dit regtig?

Ek het onlangs op vakansie by Pomene in Mosambiek weer gedink oor watter verskil dit kan maak as liefde ons dryfveer is en mense die regte ding doen. 'n Groot bootmaatskappy het twee jaar tevore 'n groot deel van die dorp onder die plaaslike gemeenskap uitgekoop. Van die maatskappy se oorspronklike beloftes om werk te skep, het bitter min gekom. Dit is al waaroor die plaaslike gemeenskap praat – oor hoe hulle te na gekom is. Dit klink na 'n ellendige verhaal van uitbuiting.

Daar is ook gerugte in die dorp dat die Chinese alles in en om Pomene opgekoop het vir eie gewin en dat die natuurlike hulpbronne, veral die vis, dalk vernietig kan word. Daar word ook gepraat van 'n groot natuurbewaringsmaatskappy wat dit wat verlore gegaan het op Pomene wil kom red, maar weens kommersiële redes aangesien hulle van voorneme is om die private reservaat nog verder uit te bou. Hier en daar het mense beter bedoelinge, maar die meeste is uiteindelik maar net daar vir hulself.

Al die stories het my opnuut laat dink aan God se oorspronklike bedoeling vir die mense van Pomene. Sekerlik was dit dat hulle hulself moet help, maar om die een of ander rede kan hulle nie. Dit bly 'n gesukkel in 'n amper primitiewe bestaan.

Die plaaslike kerke is die laaste, dalk enigste, instellings wat hier nog kan handgee of werklike uitkoms bied. Hiervoor is die kerke egter net té verward. Op Pomene is daar vir die 600 inwoners drie Christelike kerke met geen raakvlakke of samewerking nie; net afguns en venyn teenoor mekaar. Hierdie kerke is vir seker nie die kerk van God nie, maal dit deur my gedagtes.

Daar kom ook sendelinge en evangeliste hier verby, maar hulle is meestal Jesus-kepse wat dink dat hulle die koninkryk kan laat kom as hulle net die sangomas of watergode eenkant toe kan druk, of dit vir die kerkmense lekker maak op 'n Sondagoggend.

Die enigste manier waarop Pomene se mense – soos ook ander in soortgelyke omstandighede – uit hierdie soort gemors kan kom, is deur 'n nuwe begin. Die eerste wat moet padgee, is ego en die ingesteldheid op eie gewin. Uitbuiting moet plek maak vir die opvoeding van mense wat hul private sowel as professionele lewe betref.

Die mense van Pomene en ander moet ontwaak tot 'n nuwe geloof waar die grens tussen die sogenaamde heilige en die sekulêre wegval. Hulle kort 'n beweging waar gelowiges hul vrese besweer en nuwe netwerke skep op grond van God se liefde vir ander en vir mekaar.

Daar is 'n magdom natuurlike kragte en mense op die planeet wat dit wat gebroke is, weer heel wil maak. Hierdie mense dink anders oor dinge. Hulle gee om vir ons natuurlike hulpbronne en wil dit bewaar en verstaan hoe belangrik dit is om die bronne reg te bestuur sodat ons altyd reserwes sal hê.

Wat bymekaar hoort, moet bymekaar uitkom. Hierin word iets van die goddelike oorsprong van mens, dier, plant en ook die kleinste organisme gereflekteer. Ons kort 'n nuwe begrip van behoort, een waar daar geen grense of beheer is nie, en waar nuwe gemeenskappe gevorm word anderkant die godsdiensgemeenskap of selfs die kerk, indien nodig. Dit sal 'n nuwe omgewing of ekonomie skep wat gekenmerk word deur samewerking en groei; een waarin mense medeverantwoordelikheid neem vir die gemeenskap en die wêreld om hulle.

Ons weet nie altyd wat die hoër doel is van dinge wat met ons in die lewe gebeur nie. Tog weet ons dat niks in isolasie bestaan óf gebeur nie. Alles hou verband met mekaar.

Vir die een wat die Gees van God in hom het, sal dit 'n rustigheid bring, ten spyte van wat ook al gebeur. Dit beteken jy is nie 'n slagoffer van vooropgestelde idees nie en jy aanvaar dinge wat gebeur sonder om dit te wil oordeel. Dit maak jou kalm en boesem vertroue by ander in. Jy is 'n Christen.

Dit is geweldig belangrik om nie die hele tyd alles te wil oordeel nie. Wanneer ek slegs met my rasionele denke na goed kyk, is my werklikheid altyd gefragmenteerd. Hoekom? Want ek sien net ten dele. Ek het net 'n beperkte perspektief en sien nie alle verbande raak nie. Dit kan my werklikheid maklik in 'n illusie omskep.

Wanneer ek 'n sekere gebeurtenis beleef en dit as goed

of sleg beoordeel, word my oordeel my nuwe werklikheid.

Eckhart Tolle beskryf die gevare van oordeel goed deur die volgende storie in sy boek *A New Earth* (2005: Penguin) te vertel. Dit is die verhaal van 'n wyse man wat 'n duur kar in 'n lotery wen.

Die man se vriende was baie bly en het saam met hom feesgevier. "Dit is goed, jy is só gelukkig," het hulle gesê.

Hy het net geglimlag en gesê: "Miskien."

Weke later ry 'n dronk persoon in sy nuwe kar vas en die wyse man beland met veelvuldige beserings in die hospitaal. Sy vriende het hom besoek en gesê: "Jy is só ongelukkig deurdat dit nou gebeur het."

Hy het geglimlag en gesê: "Miskien."

Terwyl hy in die hospitaal was, is daar 'n rotsstorting wat sy huis in die see laat verdwyn. Weer kom sy vriende en sê: "Jy is só gelukkig dat jy in die hospitaal was toe dit gebeur het."

Weer het hy net geglimlag en gesê: "Miskien."

Teen hierdie tyd het die Jesus-kepse al óf die Here oormatig geprys óf vir die duiwel al die blaam gegee.

Indien jy gebeure egter aanvaar vir wat dit is en dit nie gedurig oordeel nie, vind daar 'n bewustelike belyning plaas tussen wat gebeur en die hoër doel in jou lewe. Deur *in* Christus te lewe beteken dat jy jou totale wese aan Hom toevertrou.

Vir sommige mense sal so 'n nuwe realiteit dalk taamlik ekstreem voorkom. Ek sal nooit die aand vergeet toe 'n afgetrede predikant my in die kerk waar ek hoofleraar was, eenkant toe vat en waarsku nie. Hy het vir my gesê dat die establishment, in hierdie geval die lede van die Broederbond, my gaan "uithaal". Volgens hom was hulle van mening dat ek net té reguit, beslis, direk en anders is.

Miskien was hy reg, maar dit is nie my punt nie.

As daar vandag één ding is waaroor ek spyt is ten opsigte van my bediening in kerke, die kampe wat ek aangebied het en ook ander optredes, is dit dat ek dalk te ordentlik en soms te rustig was. Ek dink nie ek was "wild" genoeg nie. Miskien het ek toe nog nie genoeg selfvertroue gehad nie.

Ek wens ek het vroeër in my lewe die radikale wese van 'n lewe in Christus beter verstaan. Veral die keer toe ek hoeka by die plaaslike Broederbondtak loop praat het, moes ek dit hárder gedoen en sterker oorgekom het. Ek het hulle egter jammer gekry, juis omrede hulle ook soekend en onseker was. Miskien was om hulle jammer te kry nie die Christelike, die *en Christos*-manier, nie.

Ons moet onsself gedurig daaraan herinner dat Jesus Christus deur die godsdiensinstellings van sy tyd as 'n bedreiging beskou is. Net so behoort ek en jy wat bely dat Jesus Christus die Here is, op 'n manier ook 'n "bedreiging" vir ander te wees.

In Jesus se bediening word mense geleer hoe om te lewe en nie net hoe om te aanbid nie. Ek het dit geweet, maar te min daaromtrent gedoen. Hy word 'n lewensgids vir mense ten opsigte van wat ons vir mekaar kan wees, doen of word.

Ná Christus se opstanding het die vroeë Christene in die Kerk van God dit wel reggekry. Ek hoop dat ek op my kort lewenspad daarin geslaag het om tog vir mense rigting en hoop in hierdie opsig te gee én vir hulle die moontlikhede van 'n nuwe begin aangedui het.

9

Christus vir ander

Ek is daardie oupa wat op Oukersaand wanneer die presente oopgemaak word met my hande gevou rondstaan en volstrek weier om Kersvader vir die kleinkinders te speel. Hoewel ek besef dat Kersfees vir baie Christene belangrik is, beteken dit vir my niks nie.

My vraag is: Wat is dit wat die evangelie waardig maak? Ek glo dit is die opgestane Here en die herstel van die mens deur sy Gees. As jy dit nie glo en weet nie, sal Kersfees altyd vir jou belangrik bly, terwyl dit eintlik sy betekenis behoort te verloor.

Vir die vroeë Christene het Kersfees ook geen betekenis gehad nie. Hulle is gevoed uit die nalatenskap van die Een wat geleef, gesterf en weer opgestaan het. Belangriker nog is dat hulle geleef het saam met die Een wat ánders geleef het.

Om te dink dat sosioloë beraam dat daar ongeveer 40 jaar n.C. net sowat 1 000 Christene was, maar in die jaar 350 n.C. was daar nagenoeg 34 miljoen Christene! Iets groots het gebeur en dit was duidelik geïnspireerd en kragtig.

Hoe het die geloofsgemeenskap in Jesus se tyd en in die

eerste dekades ná sy dood gelyk? Wel, daar was maar min Christene. Jesus was duidelik nie behep met 'n groot en ryk volgelingskap nie. Inteendeel, Hy was gemaklik met 'n paar getroue dissipels en volgelinge.

Wanneer hulle pad vat ná die opstanding van Christus en in die heidense en Romeinse gemeenskappe eindig, is hulle gewoon net Christene met die liefde van Christus in hulle. Hulle was daar om mekaar en ook ander te dien.

Wat het sowat 350 jaar ná Christus gebeur dat daar so 'n ontploffing in die getal Christene was? Soos wat so dikwels met enige revolusionêre beweging gebeur, het die aanvanklike klem op transformasie en andersheid begin vervaag.

Die beheervrate het die beweging begin oorvat en dit geïnstitusionaliseer. Kort voor lank is die oorspronklike dryfveer vervang deur 'n normatiewe kode met honderde reëls en regulasies wat jou aan 'n instelling verbind.

Vandag het die kerk ongelukkig 'n karikatuur geword van wat dit veronderstel is om te wees. Die kerk het min impak op die samelewing en op die werklikheid van wat om ons gebeur. In my ervaring is dit vir talle Christene al hoe moeiliker om te verstaan hoe die kerk se boodskap relevant is vir hul alledaagse lewensreis.

Dit het 'n instelling geword wat gelowiges probeer beheer en aan ander voorskryf wat reg en verkeerd is.

Dit is belangrik dat jy nie 'n slagoffer van 'n geïnstitusionaliseerde denkraamwerk word wat jou bind en vashou nie. Gelowiges moet hulself daaraan herinner dat Christus hulle eenmalig vry kom maak het. Dit het gebeur by die kruis en opstanding. As die kerk waartoe jy behoort jou nie bevry, én jou aanmoedig om vrylik in die samelewing en in die besigheidswêreld jou as Christen uit te leef nie, is jy by die verkeerde plek!

Baie geloofsinstellings verkeer in 'n bestaanskrisis, maar in plaas daarvan om erkenning te gee aan dié dinge wat nie werk nie, onderdruk hulle dit. Hoe meer ons probeer om die skip op die water te hou, hoe meer wil dit sink, want al waarmee die kerk vorendag kan kom, is nóg meer beheer en reëls.

"Is daar 'n manier uit hierdie situasie?" sal sommige mense vra.

Hierop antwoord die kerk gewoonlik dat "meer van dieselfde" die probleme sal oplos. "Ons moet net harder werk. Kom ons probeer nog een keer. Dit al wat ons ken."

Die gevolg is nog meer geraas en baklei en meer ego; kyk maar net na wat in van die kerke se sinodale vergaderings gebeur. Daar is manipulasie en skuldgevoelens, beheer en indoktrinasie. Dit kerk bly 'n sinkende skip.

My indruk is dat die kerk die vermoë verloor het om onbevange oor die werklikheid te reflekteer. Wat ons nou nodig het, is belewenisse en ervarings van mense wat nuut gevorm is na Jesus Christus en wat ander tot 'n nuwe lewe kan inspireer. As ons dít kan doen, word ons sinvolle refleksie op die werklikheid die speelveld vir alternatiewe moontlikhede. In dié ruimte floreer "in Christus"-spelers met hul kreatiwiteit en waagmoed.

Werklike dialoog wat lei tot groter begrip is een van die mees kritieke vaardighede wat die mens die afgelope paar honderd jaar verloor het. Dit is die vermoë om gesprek te voer wat meerdere begrip bring en mense help om die betekenis van dinge beter te verstaan.

Van ons probeer om die gesprek om diepere betekenis reg te kry deur kampe of seminare by te woon, maar die Jesus-kepse val dan gewoonlik net weer terug in hul ou begripsraamwerk by hul tradisionele instellings wat hierdie gesprekke nie toelaat of verdra nie. Tot ons besluit dat ons waarlik ernstig is met 'n revolusionêre erns oor Christenwees met Jesus Christus en sy krag, is ons maar net besig om die meubels rond te skuif.

Intussen bid die gelowige Jesus-kepse dat die Here weer moet kom sodat Hy die gemors kan kom uitsorteer en ons daarvan kan verlos. Vir die Jesus-kepse kan sy Koninkryk eers in die hemel beleef word. Watter snert is dit?!

Die Koninkryk en die anders wees is vir nóú. Die Here het reeds gekom. Christus en sy krag is in ons elkeen. Die vroeë Christelike kerk het dit gesnap. Die feit dat sy krag nie altyd sigbaar is in die gang van hierdie wêreld nie, is sekerlik nie God se fout nie. Sy werk is gedoen en afgehandel. Dit is nou óns beurt, maar ons sukkel en die gaping word al hoe groter.

Jesus Christus en georganiseerde godsdiens gaan nie saam nie; net soos Christus en die Fariseërs, of Christus en die sinagoge of sinode nie saamgaan nie. Dit is nie Jesus wat die tempel soek nie, maar óns.

Ons dink boonop ons doen God 'n guns as ons die tempel herbou. Daar is 'n rede hoekom Jesus Christus 'n einde aan daardie era gemaak het.

In Johannes 4 is Christus baie duidelik in sy gesprek met die Samaritaanse vrou in Samaria oor waar God aanbid moet word en dit is nie die berg en ook nie die tempel nie. Dit is in Gees en Waarheid, daar waar jy ook al mag wees. Moenie dit ingewikkelder maak as wat dit is nie.

Jesus het self die godsdienssisteem waarin gelowiges so lank so baie belê het, ondermyn.

Vir my is Paulus se briewe hierin nogal inspirerend, juis omdat hy Jesus nie persoonlik geken het nie. Hy begin kort ná sy opstanding op 'n heel unieke manier as sy gestuurde funksioneer. Dit kom vir hom eenvoudig op die volgende neer: Word 'n navolger van my soos ek Jesus Christus navolg; julle moet doen wat ek doen, soos wat ek doen wat Jesus Christus doen.

Om 'n navolger – 'n spoortrapper – te wees, is vir die meeste Jesus-kepse 'n baie intimiderende gedagte. Jesus sê terwyl Hy nie daar is nie, moet gelowiges die voorbeeld volg van daardie mense wat die wedloop net soos Hy hardloop.

Op dié manier word gelowiges 'n inspirasie vir ander. Hy sê: Julle onthou hoe ons opgetree het toe ons by julle was? Ons het vir julle die regte voorbeeld gestel wat julle kan navolg. Doen dieselfde.

Ons getroue kerkgangers en die mense met die Jesus-kepse is dikwels té ordentlik en tegemoetkomend. Ek was die meeste van die tyd ook so, want ek wou niemand seermaak of ontstel nie. Vir my raak dit egter toenemend belangrik dat ons eerliker en meer direk met mekaar moet wees.

Ons moet reguit en op die man af wees – uitdagend en konfronterend soos Jesus Christus. Christus het moeilikheid gemaak sover Hy gegaan het. 'n Mens sou tereg kon vra: Was Hy 'n hervormer of 'n revolusionêr? Het Hy 'n nuwe Joodse sekte begin of 'n nuwe geloof?

Dit kan 'n mens ook laat vra of die moderne kerk nie vandag ook maar net 'n Joodse sekte met 'n goeie Jesusstorie is nie. Of is daar 'n kans dat dit 'n radikale nuwe beweging kan word wat buite enige instelling funksioneer? Ons as Christene het dit eens gehad; ons het dit net verloor.

Ek glo ons moet weer "wild" raak soos Christus. Vir my is dít 'n nuwe geloof!

Hoe verander ons dinge? Hoe begin ons om 'n lewe *in Christus* te leef?

Ná baie teologie en preek en wonder het ek my antwoord gekry nadat ek jare gelede aan die denke van Juan Carlos Ortiz blootgestel is. Hy het my laat verstaan dat selfs as ek die geloof het (dit het ek wel gehad), maar my nie aan die Heerskappy van Jesus Christus as die Here (Kurios) onderwerp nie, ek steeds niks is nie.

In Matteus 7:20 wys Jesus vir sy volgelinge uit dat baie van hulle bloot maak asof hulle Hom dien. Hy sê: "Hulle noem My om elke hoek en draai 'Here en Meester'. Daar wag egter 'n groot verrassing op hulle. My Vader gaan glad nie vir hulle plek hê in sy nuwe wêreld nie. Net daardie mense wat doen wat Hy vra, sal by Hom welkom wees."

Ek het nodig om myself te onderwerp aan die gesag van Jesus Christus, die Een na wie ek gevorm is en aan wie ek ondergeskik is. Wanneer ek my aan Hom onderwerp, word ek in gedrag en optrede soos Hy. Dit is so eenvoudig soos dit. Dit verg nie enige geforseerde ekstatiese belewenis buite myself nie. Die lokus is binne en nie buite nie. Al wat dit vra, is 'n belydenis en 'n onderwerping aan sy gesag.

Die meeste Christene het dit nog nooit gesnap nie, want as hulle het, sou hulle heel anders gelewe het en sou ons wêreld heel anders gelyk het. Terloops, ek het dit self vir 'n groot deel van my lewe nie gesnap nie.

Diegene wat dogmaties glo, die Jesus-kepse vir wie die lokus steeds buite is, staan teenoor die radikale andersheid van diegene wat weet dat Christus die Here is en hulle aan sy gesag onderwerp. Dit is waarom die kerk as instelling al vir soveel mense oor die wêreld heen sy geloofwaardigheid begin verloor het. Jy kan nie in ekstase rondval in belewenisse en aanbidding, maar dan gaan jy na jou gesin of die samelewing en leef en praat asof Jesus Christus nie heerskappy in jou lewe voer nie.

Daar is iets fundamenteels verkeerd in ons samelewing. Ek en die ouens wat saam met my fasiliteringwerk in besighede doen, sê baiekeer vir mekaar hoe nodig dit is dat die leierskorps van besighede tot inkeer moet kom, tot "bekering" selfs. Dis ongelooflik hoeveel venyn, selfgerigtheid, ego en selfsug daar is; heel dikwels van sogenaamde kerkmense, die mense wat ek "Jesus-kepse" noem.

Ongelukkig is daar ook al hoe meer Christene wat slegte ervarings het met ander gelowiges en baiekeer ook met hul geestelike leiers. Ons leiers vaar helaas nie veel beter in byvoorbeeld verhoudingsbestuur as ongelowiges en selfs die godloses nie. Hoe is dit moontlik? Maklik – dit is weens die afwesigheid van die heerskappy van Jesus Christus in hulle lewe. Daar is 'n stuk erkenning, onderwerping en afhanklikheid wat skort.

Vir Paulus was niks so belangrik soos geloof nie. Geloof in God en Jesus Christus en dan ook geloof in die beloftes van God. Vir hom het geloof te doen met lojaliteit, of beter nog, getrouheid aan 'n persoon of entiteit. *Ek* stel nie teleur nie. *Ek* is getrou.

Dit beteken dat gelowiges ook op Hom kan staatmaak net soos Hy op ons kan staatmaak. Hierdie geloof beteken ook dat sekere dinge eenvoudig waar is en dat die gelowige dit weet. Een so 'n waarheid is die opstanding van Jesus Christus en wat een van die boublokke van geloof is. Ek moet hiervan oortuig wees en dit word dan die oortuiging ook van my prediking, my getuienis en my lewe. Die credo van die vroeë kerk was baie eenvoudig: Christus is die Here.

Die kern van my boodskap in hierdie boek is dat jy nie veronderstel is om te glo in 'n instelling nie, maar in 'n persoon – in Christus. Jesus se opdrag was eenvoudig: "Volg My!" Hy het nie gesê ek het 'n teorie om aan julle te verduidelik, óf hier is my model vir Christenskap óf volg my instelling nie.

Ek het baiekeer in gesprekke met Jesus-kepse oor 'n sinvolle lewe verduidelik hoe ek as mens inderdaad *in Christus* kan wees; met ander woorde, ek kan wees waar God wil hê ek moet wees. Ek weet dat God weet ek is waar ek veronderstel is om te wees. Die absolute klimaks van 'n sinvolle lewe is die wete dat ook God weet waar ek is, waarmee ek besig is en dat dit goed is.

Dit is alles moontlik vir iemand wat in Christus leef. God hanteer my asof ek aan Hom behoort. Ek het identiteit, ek is iemand. Ek word geag en gereken deur God. God ken my, Hy weet wie ek is en waarmee ek besig is.

Ook my geregtigheid kom deur geloof in Hom. Dit beteken ek is in die regte verhouding tot God en ek het die vermoë of potensiaal tot hierdie verhouding. Ek het die korrekte gesindheid of ingesteldheid en dit is in ooreenstemming met die wil van God.

My geregtigheid beteken ek glo in Jesus Christus, maar ek weet ook dat God my hierin regverdig maak. Hy is 'n God van genade en liefde en Hy hanteer my asof ek in geregtigheid teenoor hom lewe. Hy hanteer my waardig en sodoende word 'n verhouding wat andersins onmoontlik was vanweë die sonde, deur sy genade moontlik. Geregtigheid beteken dus dat ek in die regte verhouding tot God staan.

Uiteindelik word ons sy kinders, mede-erfgename van die almagtige God se intensie vir die mens. Ek weet wat God van my verwag en sy bedoeling is duidelik. Dit is moontlik en Hy laat dit toe. Dit is mos stap 1 in goeie bevelvoering, maal dit deur my gedagtes as oudsoldaat.

Hierin speel die Heilige Gees 'n groot rol. My geloof is 'n totale oorgawe aan wat ek reeds is en weet. Daar is versoening deur sy bloed en ek het deel daaraan.

Asof dit nie genoeg is nie, is daar nog sy genade ook. Sy genade wat vir my genoeg is en waardeur ek gered word. Hiervan verdien ek niks nie; ek ontvang dit net.

Sy liefde, soos sy genade, kom ook verniet. Efesiërs 3:17 verduidelik dat Christus deel word van my lewe omdat ek op Hom vertrou. My lewe sal gebou wees op liefde en deur ander met liefde te behandel, sal my lewe die vastigheid kry wat ek nodig het.

10

Die Heilige Gees in my

Toe God aanvanklik die aarde en die mens geskep het, was Hy tevrede met sy skepping. Die mens is na sy beeld geskep en dit het beteken dat hy God se wil gedoen het. Die eerste mens, die eerste Adam, was volledig mens in liggaam, siel en gees.

In Genesis 2 word die mens egter gewaarsku dat hy onmiddellik sal sterf as hy van die verbode vrug eet. Toe hy dit in ongehoorsaamheid doen, het hy inderdaad gesterf, nie fisiek nie, maar wel geestelik.

God onttrek hierna sy Gees aan die een wat Hy gemaak het om soos Hy te wees en oor alles te heers. Efesiërs 2 verse 1 tot 6 beskryf iets van hierdie drama waarin die mens eers soos 'n dooie mens was; dit wil sê dood vir God. Die mens het letterlik agter die sonde aan geloop.

Met die sondeval ongeveer 6 000 jaar gelede het God dus sy Gees aan die mens onttrek. Die volledige mens, liggaam, siel en gees word skielik baie armer in sy bestaan. Iets hiervan word bevestig in Genesis 6:3 wanneer dit duidelik word dat die Gees nie meer in die mens sal wees nie. Adam se seun word gebore na die beeld van sy pa en nie van God nie omdat dit nie meer moontlik is nie.

Wat hierna vir die mens volg, is maar 'n redelike gesukkel. Die geskatte 4 000 jaar in aanloop tot en met die geboorte van Christus word redelik uitvoerig in die Ou Testament en ander geskiedkundige geskrifte beskryf.

God gee seker uit radeloosheid en sy groot genade vir die mens – sy wet. Hierdie wet is bedoel om die mens te help. Die gesukkel van God se volk om daaraan gehoor te gee, is egter 'n bewys dat dit nie werk nie. Die mens kom nou maar ten ene maal nie reg sonder die Gees nie. Konings, profete en priesters probeer hul bes, maar die mens is net té onbetroubaar en hou aan om teleur te stel.

Toe het God in sy goedheid besluit om die mens te kom red en in Christus se koms 'n nuwe lewe of nuwe kans vir die mens te gee. Ons kon weer van voor af begin.

Die Verlosser, Jesus Christus, word as die Seun van God gebore. God die Vader gryp in met die koms van Jesus Christus wat in Romeine 8 ook as die tweede Adam, ons *Broer*, beskryf word. Ons word lewende ikone van Hom. Die potensiaal tot die herstel van die oorspronklike verhouding tussen God en mens word verwesenlik.

God het die mens 'n tweede kans gegee. Ons behoort nou aan Jesus Christus en is deur Hom lewend gemaak. Ons is terug by God in 'n spesiale verhouding wat weer sin maak.

Nou is daar vir die eerste keer 'n kans tot volkome herstel tussen God en mens. Dit gebeur by die kruis wanneer die verlossing eenmalig kom. Die mens word verlos van alle laste en word volkome vry.

Hiermee saam kom die uitstorting, oftewel die inwoning

van die Heilige Gees. Met ander woorde – dit wat God ongeveer 4 000 jaar gelede voor Christus se geboorte aan die mens onttrek het, het Hy volledig teruggegee. Die verhouding tussen God en mens word in Christus se kruisdood en opstanding herstel, óf die moontlikheid tot volkome herstel is nou minstens daar.

Dit is belangrik dat ons ook verstaan dat hoewel die ou bedeling hom uitspeel in die kollektief van 'n volk – God se volk – kom daar 'n radikale skuif terug na die individu in hierdie nuwe bedeling. Die lokus skuif van *ons* of *hulle* na *my* toe. Dit is ekself wat in 'n nuwe verhouding kom tot die opgestane Here.

Die teksgedeeltes wat seker hierdie verandering of skuif tussen die ou bedeling en die nuwe bedeling die beste beskryf, is in 2 Korintiërs 3 en Hebreërs 6 tot 8. Dit bevestig dat die ou bedeling (sondeval tot kruis) nie gewerk het nie en daarom volg 'n nuwe bedeling van kruis, opstanding en uitstorting van die Heilige Gees.

2 Korintiërs 3:17 bevestig dat dit die Gees is wat die mens in God se beeld afrond.

> Die Here is Gees. Hy is 'n lewende werklikheid, en nie maar net Iemand wie se naam in die wetboek geskryf staan nie. Oral waar die Gees van die Here aan die werk is, word mense regtig vrygemaak. Almal wat glo, is nou vry. Ons kan die Here se heerlikheid weerkaats sonder dat daar sluiers oor ons gesig hang. Hoe meer ons die Here se grootheid raaksien, hoe meer word ons lewe verander om sy ongelooflike heerlik-

heid te weerkaats. Dis natuurlik die Here self, Hy wat Gees is, wat ons verander om al hoe meer te lyk en leef soos Hy dit wil hê.

Wat God dus eens op 'n keer by die eerste Adam weggevat het – sy Gees – gee Hy in die tweede Adam terug met en kort ná die sterwe en opstanding van Jesus Christus. Christus onderneem om sy Gees vir ons te gee met sy heengaan.

Gelowiges ervaar dan die Gees as deel van wie hulle is en dit is vir seker nie net iets waaroor hulle praat of bespiegel nie. Hy is werklik in die lewe van die persoon wat bely dat Jesus Christus die Here is. Christus is *in* my.

Daar is een God en die Gees is die gawe of geskenk van God. Wanneer die mens die Woord van God hoor en dit dan so aanvaar, ontvang hy ook die Gees.

In Galasiërs 3 vra Paulus die gelowiges hoe hulle deel kry aan die krag van die Heilige Gees – is dit deur te doen wat die wet sê, of deur die goeie nuus onvoorwaardelik te glo? Hy antwoord deur te sê dat dit deur geloof is. Die geloof wat hulle met die Gees vervul het, is wat maak dat hulle al hierdie wonders doen.

Die Gees van God word deel van my doen en late *omdat ek glo*. Punt. Die Heilige Gees is nie iets wat ek verwerf of met my eie vermoë bereik nie. Gehoorsaamheid aan die wet speel geen rol hierin nie. Die Heilige Gees is iets wat ek gewoon in geloof aanvaar en ontvang.

Oor hierdie geskenk wat hy uit genade ontvang, is Paulus baie dankbaar. In 1 Korintiërs 1 beskryf hy die Heilige

Gees in sy lewe as 'n kragtige geskenk wat hom één met God maak. Aan die begin van die tweede brief aan die gemeente in Korinte in die eerste hoofstuk beskryf hy dit as 'n deposito wat vorentoe gaan uitbetaal; 'n eerste betaling om te verseker dat sy nuwe wêreld op ons wag. Alles natuurlik bloot uit genade.

Kortliks gestel: Die Heilige Gees word aan my gegee op grond van 'n eenvoudige belydenis en dit is dat Jesus Christus *in* my is. Die Heilige Gees is deel van wie ek is.

In *Die Boodskap* se vertaling van Romeine 10:8–10 lees ek een van die kosbaarste tekste raak. "Ek maak hierdie goeie nuus oral bekend en ek sê vir mense om dit te glo. Dit is baie maklik om gered te word. Al wat jy moet doen, is om met jou woorde te erken Jesus is die Here en om met alles in jou te glo God het Hom uit die dood laat opstaan. As jy dit glo, spreek God jou vry van al jou sondes. En as jy dit met jou mond bely, word jy verlos."

Ek leef en word Christus vir ander. Dit is die wonder of die wonderwerk wat in alle aspekte van my lewe uitspeel. So word byvoorbeeld ook my huwelik en my verhouding met my vrou en kinders die speelveld van God se bedoeling vir my.

God hoef nie op die een of ander vreemde wyse in my huwelik in te gryp nie. Ek is wie ek in my huwelik is op grond van Christus wat reeds in my is en deel van my lewe is. Ek word pa vir my drie dogters in die man wat ek is. Wie sal my kinders inspireer as dit nie ek is nie?

Hier is 'n paar vrae vir die mense met die Jesus-kepse: Hoe gaan dit in jou huwelik? Hoe gaan dit met jou verhouding met jou kinders? Hoe is jou verhouding met die mense by die werk en met die samelewing in die algemeen? Nog belangriker, hoe is jou verhouding met mense wat glad nie 'n pa gehad het om na op te sien nie? Is jy Christus vir hulle?

Waarom is die stille aanvaarding van die wonder van Jesus Christus se koms en die krag van God vir soveel gelowiges so moeilik om te aanvaar? Dit is vermoedelik omdat hulle self in beheer wil wees en hul geloof wil manipuleer of "afshow". Ons sien dit tog gereeld gebeur.

Ek meen, dit maak my skaam om net 'n paar minute lank na die Christelike kanaal op TV te kyk. Wat ons nie alles in die naam van Jesus sal aanvang nie!

Aan die een kant is daar die arrogansie van 'n prediker wat aan ander dikteer wat die wil van God is en aan die ander kant die absolute afhanklikheid van 'n klomp Jesus-kepse in die gehoor wat vasgevang bly in die boodskap dat daar altyd iets daar buite is wat swarigheid in hul lewe inbring en dat hulle daarom nie verantwoordelikheid in hul geloof hoef te neem nie. In die ou bedeling was die volk slawe van die sonde; nou is hulle slawe van 'n stelsel wat hulle steeds in afhanklikheid gevange hou. Dit is as't ware 'n moderne vorm van slawerny waar die instelling jou gevange hou met 'n sondebesef en 'n afhanklikheid van die kerk as struktuur.

Die mens moet kan vrykom en die Gees van God is bedoel om hom vry te maak. In 2 Korintiërs 5:5 lees ek dat God besig is om ons gereed te maak vir hierdie nuwe lewe wat op ons wag. Om te verseker dat ons veilig by Hom sal aankom, het Hy sy Gees aan ons gegee. Die Heilige Gees is die waarborg dat God sy woord sal hou.

Hierdie versekering, hierdie Heilige Gees, sê Paulus aan die gemeente in Efesiërs 1:14, is soos 'n merk wat God my laat dra om te wys dat ek ook syne is. 'n Kenteken. Die Gees is maar die begin van wat God eendag alles vir ons gaan gee. Hy gaan elkeen wat syne is, heeltemal vry maak en daarom kan ons vir almal vertel hoe groot God is.

Die Heilige Gees is dus my waarborg. Die Griekse begrip *arrabōn* sou seker die beste vertaal kon word as 'n gewaarborgde vooruitbetaling van wat nog kom. Met ander woorde, die krag van God se Gees is vir altyd by jou en dit waarborg die toekoms.

Jy kan en hoef nie weer terug te val op jou eie krag nie. Dit laat my altyd dink aan die werking van 4x4-veldvoertuie. In hierdie voertuie lê die krag opgesluit in die inherente vermoë van die voertuig; jy moet dit net gebruik. Glo my, daar is báie meer krag as wat jy dink.

Die mense wat in harmonie leef met hul omgewing, hul gemeenskap, met hulself en ander mense, is inderdaad kinders van God. Hulle is Geesvervuld in alles wat hulle doen en aanpak. Hulle hoef hulle nooit te bekommer nie – hulle sal die krag kry om dit alles te doen.

Die keersy van hierdie 4x4-metafoor is dat die eienaar van die voertuig dink die voertuig het nie voldoende krag nie en dat dit daarom met 'n "chip" aangevul moet word. Dis amper asof hy nie die ontwerper van die voertuig vertrou met wat reeds daargestel is nie – hy wil iets méér uit die stelsel haal.

Is dit nie ook wat die kerk en sekere kerkgangers probeer doen nie? In stede daarvan om net te aanvaar dat wat reeds daar is voldoende is, is hulle altyd soekend na iets meer.

Die Jode het geglo in die Gees van God as die Een wat die mens help om die waarheid te verstaan. Christus word die Gees, die Gees van die waarheid. Die Gees lei ons juis in die waarheid, in dit wat reg en goed is.

Verderaan in die brief aan die Efesiërs (in hoofstuk 3) word hierdie verhouding met die Heilige Gees aanvanklik as 'n groot geheim beskryf. Die teks beskryf egter hoe God se plan nou vir ons duideliker is en nie meer 'n geheim nie. Die Heilige Gees het dit aan al die mense vertel wat gekies het om God se Woord te verkondig.

Die geheim is dit: Enigiemand wat in Jesus Christus glo (selfs al is hy 'n nie-Jood), word 'n kind van God en gevolglik kry hy wat God vir al sy kinders gee. So 'n persoon is saam met die ander gelowiges die liggaam van Christus. Hy kry alles wat God in die goeie boodskap aan Christus Jesus se mense beloof het.

Paulus het sy volledige inspirasie hierin gevind. God se Gees word dus die bemiddelaar, die onderhandelaar van God self in my lewe. Die volgende gedeelte in Romeine 8:12-17 beskryf hierdie verhouding waarskynlik die beste.

My broers en susters, omdat die Heilige Gees in ons bly, mag ons nie langer in die sonde rondlê nie. Ons is dit aan Hom verskuldig. As julle kies om aan te hou sondig, moet julle weet dat julle sonder God sal sterf, maar as julle toelaat dat die Heilige Gees met julle sondige dade afreken, sal julle vir altyd saam met God lewe.

Almal wat hulle deur die Heilige Gees laat lei, is kinders van God. As julle hierdie keuse maak, is julle nie langer slawe van dinge soos angs en vrees nie. Onthou, God het sy Heilige Gees gegee aan julle wat in Hom glo. Dit is Hy wat julle kinders van God gemaak het.

Verder is dit ook Hy wat nou 'n diep verlange na God in julle binneste wakker maak. Die Gees roep voortdurend in julle binneste uit: "Vader, liefdevolle Vader!" Hy sorg dat daar 'n onbreekbare band tussen God en julle is.

Die Gees oortuig ons diep in ons binneste dat ons regtig God se kinders is, omdat ons sy kinders is, is ons ook sy erfgename. Ons erf saam met Christus alles wat God beloof het.

Ek vind dit verrassend dog vreemd dat die meeste Jesuskepse steeds hul lewe in vrees en angs leef. Wat dit nog erger maak, is dat daar ook 'n aspek van wanhoop en bygeloof bykom.

Ek moes al 'n klomp oorlewingskursusse in die wildernis voltooi. Ek het in dié kursusse verskriklik baie oor die lewe geleer en natuurlik ook die belangrikste beginsels oor hoe om in die wildernis te kan oorleef. Een les wat my altyd bybly, is dat daar twee dinge is wat die meeste van ons lewensenergie steel wanneer dit oor oorlewing gaan.

Die een is vrees, dit wil sê vrees vir die onbekende en al die bygeloof wat daarmee saam kom. Die ander een is die skuldgevoelens of kwaad wat mense in hulle saamdra. Dit is juis hierdie twee aspekte waarvan God die mens wil bevry. Die mens was bedoel om lig te hardloop.

Dikwels wanneer ek saam met mense in gebiede is waar die groot vyf in die diereryk voorkom, kan ek nie anders as om stomverbaas te wees oor hul bygeloof en vrees in die natuurlikste plek op aarde nie. Ironies genoeg sal baie van hulle nog daar aankom met hul Jesus-hempies of -kepse!

Die kampe bied juis 'n wonderlike geleentheid om in God se skepping te kan rondspeel sonder vrees of bygeloof. Diegene wat in 'n ware verhouding tot God staan, sal tog nie in sonde of skuldgevoelens rondlê en dan boonop in die paradys met sy Jesus-hempie rondloop nie?

Vir seker is jy nie Christus waardig as jy jou lewe slyt in vrees en angs nie. Hierin lê ons ellende. Ons wil só graag die Jesus-kenteken dra, maar in die praktyk is ons hoegenaamd nie 'n egte Christen nie. Dit maak ons ongeloofwaardig.

Hoe het ons hier beland en hoe kan ons dit verander? Die Heilige Gees moet die bron of oorsprong van lewe en 'n nuwe begrip word. Hiervandaan vorentoe is elke keuse, elke daad 'n uitvloeisel van die Gees in my.

In Romeine 15:13 is daar 'n eenvoudige gebed wat ek ook toebid vir elkeen wat die boek lees: "Ek bid dat

God in wie julle al julle hoop stel, elke deeltjie van julle geloofslewe sal vol maak met blydskap en vreugde. Dan sal julle, deur die groot krag van die Heilige Gees in julle lewens, altyd oorvloedige hoop hê. Dan sal julle onwrikbaar vashou aan die Here, kom wat wil."

Wat meer wil jy weet? Dit is die Heilige Gees wat jou in staat stel om die wil van God te leef en te doen. Alles wat ek doen, beleef en ervaar – ook glo en doen – gebeur in die Gees. Die Here is Gees en Hy is in my en ek is in Hom. Soos daar in 2 Korintiërs 3:17 staan: "Die Here is Gees. Hy is 'n lewende werklikheid en nie maar net Iemand wie se Naam in 'n wetboek geskryf staan nie. Oral waar die Gees van die Here aan die werk is, word mense regtig vrygemaak. Almal wat glo, is nou vry."

Ons kan die Here se heerlikheid weerkaats sonder dat daar sluiers oor ons gesig hang. Hoe meer ons die Here se grootheid raaksien, hoe meer word ons lewe verander om sy ongelooflike heerlikheid te weerkaats. Dis natuurlik die Here self, Hy wat Gees is, wat ons verander om al hoe meer te lyk en te leef soos Hy dit wil hê.

Die Gees van God is vir my lewe. Net dit. Ek bedoel daarmee die volheid van lewe. Ek weet ook die krag van God is deur sy Gees in my.

My eie poging tot sin word in al hierdie verstaan verplaas omdat die Heilige Gees deel kry aan my bestaan. Dit is 'n bietjie anders as wat die meeste mense dink oor die Gees. Vir hulle beteken Geesvervulling ek is buite beheer en die Gees neem oor tot waar die lokus buite jouself is. Dit is presies wat die Gees nié is nie.

Ek verstaan dat daar in sommige mense se koppe sekere bonatuurlike kragte is, baie hiervan het te doen met bygeloof en dit is vir hulle verskriklik intimiderend. In talle Afrika-kulture is dit 'n gereelde verskynsel. Waar ons in Pomene vakansie hou, is daar van die sangomas wat die hele gemeenskap en die kerk gevange hou. Dit is hulle werklikheid.

My persoonlike begrip van die Gees van God wat deel van my lewe word, is egter presies die teenoorgestelde. Vandag weet ek dat hy wat die Gees van God in hom het, al hierdie goed kan doen wat sin gee in hierdie lewe. Dit is vir my as Christen moontlik, want ek het heel geword; ek is volledig mens. Ek het balans gekry met 'n nuwe perspektief, 'n nuwe vermenging van sin en doen. Ek ken nie geraas nie; ek ken net kalmte. Ek het geword wie en wat ek bedoel was om te wees.

Kan jy ook hierdie onderskeid maak? Die lokus is binne en nie buite jouself nie.

Met ander woorde, as iemand op die grond lê en braak omdat hy oënskynlik geesvervuld is, is niks van God se gees vir my daarin sigbaar nie. Wanneer iemand Geesvervuld is, is die lokus en die krag *binne* hom of haar. Dit word weerspieël in 'n ingesteldheid van kalmte, selfbeheersing en standvastigheid.

Die Gees is eenmalig uitgestort net soos Hy, Christus, eenmalig aan die kruis gesterf het. Ek het deurlopend, daagliks in alles, deel aan die krag van God se genade. Wanneer sal ons dit eendag snap?

Kan ek dit net herhaal: My sondes is eenmalig vergewe

en die Heilige Gees is eenmalig uitgestort. Nou het ek deel daaraan en ek kan dit vir myself toe-eien op grond van 'n enkele belydenis, naamlik: Jesus Christus is die Here.

Daarom is iemand wat Geesvervuld is ook bevry van die behoefte om in beheer van alles te wil wees. Dit bly die geïnstitusionaliseerde kerk en die mense met die Jesus-kepse se grootste las – hulle behoefte om alles te wil beheer.

Lees maar net weer Galasiërs 5:1: "Christus het ons vrygemaak om regtig vry te wees. Hou vas aan hierdie vryheid. Moet dit vir niks ter wêreld prysgee nie. Moenie toelaat dat ander mense julle weer slawe van hulle skewe sienings maak nie."

Daar is 'n verdere dimensie aan hierdie onderwerping en dit is die groot geskenk aan elkeen wat bely dat Hy die Here is. Dit is 'n stille toe-eiening van die krag van God in jou. Dieselfde Hemelse krag wat daar by Jesus Christus was, is ook in my en jou.

Ortiz het dit so mooi en eenvoudig verduidelik aan die hand van die 4x4-metafoor. Die viertrekvoertuig wat in dik sand moet ry, het die ingeboude vermoë om deur die moeilike, dik sand te kom. Die krag is daar. Iemand moet net die voertuig aanskakel om hierdie krag te aktiveer en daarna die regte besluit neem, met ander woorde: Draai die stuurwiel, trap die pedaal, trap die rem.

In my belydenis en erkenning dat Hy die Here is, het die krag van God deel van my geword deurdat Christus ook in my is. Die krag is reeds *in* my. Dit is nou vir my om die regte besluite te neem en dan te vertrou dat die krag sal kom. Die viertrekvoertuie is baie kragtiger as wat ons dink. Op dieselfde manier is ons tot baie meer in staat as wat ons dalk dink.

Daarom is die pad van heiligmaking wat in 2 Petrus 1 beskryf word vir seker binne ons vermoë. Ek het onderaan enkele gedagtes by die teks in *Die Boodskap* bygevoeg.

Die Here se hemelse krag het alles vir ons gegee wat ons nodig het om elke dag reg te leef en in 'n persoonlike verhouding met Hom te staan. Hoe ek my geloof in Christus sterker maak, is 'n eenvoudige proses, bykans stap vir stap groei jy dan in verhouding met Hom. In geen orde van belangrikheid nie is die volgende wat jou te doen staan:

- Span jou in om altyd net die regte dinge te doen. Doen die waarskynlike, die oënskynlike, die voor die hand liggende. Doen dit net.
- Ons leef in 'n era waarin kennis maklik bekombaar is; daar is geen verskoning nie. Word 'n student van wie God is en wat sy verwagting van jou is.
- Jy het die krag van God in jou en daarom kan jy enorme selfbeheersing aan die dag lê. Leer om "nee" te sê en moenie toelaat dat sondige begeertes jou onderkry nie.
- Volharding moet deel van jou manier van leef wees. Vasbyt (Engels: *grit*) word deel van jou sukses. Staan vas in jou oortuiging. Hou aan glo. Staan sterk!
- God word nie verheerlik met die sing van liedjies op Sondae nie. Hy word verheerlik wanneer jy jou

skeppingsdoel naleef en na aan jou gawes en talente funksioneer. Maak God se Naam groot in letterlik alles wat jy doen.
- Ons is broers en susters vir mekaar. Dit beteken ons is lojaal aan mekaar en teenoor ander gelowiges.
- Saam met liefde en omgee vir ander gelowiges gaan liefde en respek vir alle ander mense. Gee regtig om vir almal met wie jy elke dag te doen kry.

Wanneer jy hierdie eenvoudige roetekaart volg, sal jy ervaar wat dit beteken om elke dag voluit vir die Here Jesus Christus te leef. Wat jy doen, sal kom met min moeite en sonder geraas. Jy sal vrug dra en deurlopend daarvan bewus wees in alles wat jy doen. Jy sal 'n intuïtiewe aanvoeling ontwikkel vir wat goed en reg is. God se wil sal natuurlik kom in aanvoeling en besluit.

Dit help nie om na Christus te soek deur die oë of bril van die kerk van vandag nie. Jy gaan hom nie daar kry nie. Gaan terug na die kruis en sien die eerste opgestane Jesus Christus. Jy volg Hóm, wetende die krag, sy krag, is nou ook in jou.

Die kontak tussen jou en Jesus is persoonlik. Die band is direk, daar is nie 'n bedrading wat via die een of ander kerk, instelling of beweging moet loop nie. As jy dit met bedrading wil doen, sal dit jou immer soekend laat en altyd onseker – dit is egter een massiewe kortsluiting wat wag om te gebeur. Onthou, jy word Christus vir die wêreld.

Vir baie gelowiges, veral die Jesus-kepse, het Sondag

se aanbiddingsgeleentheid hulle totale geloofservaring geword omdat hulle veilig en verskans voel binne die kerkstrukture. In hierdie geval kan die Sondag-erediens beskryf word as 'n moderne foefie wat tussen jou en God se werk ingeskuif het. Jou werk as Christen is immers in die dorp, die ekklesia hoort in die dorp, nie in die erediens nie. Daar gebeur helaas nie veel in 'n erediens nie.

Die een ding wat 'n erediens wél doen, is om jou soms skuldig te laat voel en ander kere selfs soos 'n mislukking. As kind het die kerk my selfvertroue in wie ek is, minder gemaak eerder as meer.

Ek het self later jare in gemeentewerk ook in hierdie slaggat getrap deur die Sondag-erediens as die enkele fokuspunt van kerkwees te beskou. Vir jare het ek huisbesoek gedoen by tientalle gelowiges, ook Jesus-kepse, en my grootste enkele agenda was om hulle aan te moedig om wel by die erediens uit te kom; al was dit net ter wille van hul kinders.

Dan het ek hulle verder ook aangemoedig om 'n dankoffer te gee, wetende dat indien die somme nie klop nie, die gemeente ook nie finansieel sal kan oorleef nie. Dit was ons werk, het dit vir my gevoel. Vandag dink ek egter dat daar belangriker of groter werk is as dit.

My persoonlike geloofsreis het later al hoe minder met kerklike dogma, die geïnstitusionaliseerde kerk óf die erediens te doen gehad, maar eerder met die eenvoudige oortuiging dat Jesus Christus die Here is. Christus omvou my hele lewe. Ek is hiervoor herbedraad met 'n Christus-sertifikaat wat deur die Gees van God in my wese ingeskryf is.

Ek moes vinnig leer dat die Heilige Gees my nie in die verlede gevange hou nie. Inteendeel, die Heilige Gees berei my voor vir die toekoms en die belofte van wat nog komende is. Die Gees maak my vry van wat agter my is. Dit laat my nie vashaak in die verlede nie; dit omvat 'n nuwe toekoms.

My toewyding aan God is nie net nog 'n agendapunt op 'n reeds besige lysie goed om te doen nie. Ek het alles wat nodig is om volledig *in* Christus, die Kerk van God, te wees. Ek word die vrug – die resultaat – van die Gees.

11

Om aan te beweeg

Ek het in 'n kerk grootgeword wat teen sekere mense en rasse gediskrimineer het en ook baie veroordelend was. Ek onthou 'n eerste kerkraadsvergadering op die Bluff in Durban. Ek was toe nog net 'n student en het in die gemeente gewerk terwyl ek 'n weermagkamp of -kursus gedoen het.

Die groot ooms in die swart pakke en die wit dasse het in die nanag lang ure gepraat daaroor of 'n meisie wat buite die huwelik swanger geword het wel toegelaat kan word tot belydenisaflegging. As ek reg onthou, was dit 'n drie uur lange debat. Wat ek toe nog nie besef het nie maar reeds aangevoel het, is dat hulle die verkeerde vraag gevra het. Die vraag moet eerder wees: "Waar is Jesus Christus in hierdie gesprek?"

Ons moet nooit vergeet dat Jesus heelwat tyd deurgebring het met mense wat die status van "honde" in die samelewing gehad het nie. Dink maar aan die misdadigers, diewe, egbrekers, Samaritane (basters), melaatses, prostitute, onreines, belastinggaarders en vele meer. Jesus het egter deur grense gebreek. Hy was altyd inklusief in sy benadering tot mense.

Dit is Søren Kierkegaard wat gesê het sy missie of taak is om "Christenwees in die Christendom tuis te bring". Christus bepaal wat in die wêreld gebeur en dit behoort my agenda as gelowige te word. Soos ek reeds genoem het, is ons taak om in Jesus Christus se spore te trap. My nuwe spiritualiteit beteken dat ek Jesus Christus vir ander word. Ek is 'n dissipel van 'n lewe *en Christos* – sou ek dit nie wees of word nie, is Jesus Christus nie deel van my Christenwees nie.

My Christenskap word nie bepaal deur hoeveel goddelike en kerklike reëls ek nakom al dan nie.

Sal ek ooit vergeet hoe ek as kind Sondag ná Sondag aan die kerkbanke gehang het deur die moeisame prosessie van skuldbelydenis en veroordeling? Ek was altyd moeg wanneer ek weer gaan sit het. Soms het ek my oë skelmpies oopgemaak om te loer of ek nie dalk nog die enigste een is wat staande is nie.

Daarom beskou ek die volgende steeds as sekerlik my grootste insig: Die sonde is in my, ja, maar ek is nie dit nie. Soveel van ons het grootgeword met die gedagte dat ons sondig is en daarom net nooit goed genoeg sal wees nie. Dit bied vir vele ook 'n nuttige verskoning om terug te val en te misluk.

Ek het sekerlik ook self hiermee geworstel. Daar was 'n tyd toe ek nou maar eenmaal nie kon vrykom van die verkeerde goed in my lewe wat my vasgedruk het nie. Gereelde gebed het ook nie gehelp nie.

Die rede hiervoor was 'n sisteem wat my denke vasgepen het met skuldgevoelens en dat ek net nie goed genoeg is nie. Wat ek eerder moes begryp, was dat Hy, Jesus Christus, eenmalig vir my sondes gesterf het. Dit is afgehandel, lank terug al.

Die eerste Christene het dit wel verstaan. Feit is, wanneer ek in Christus is, is ek 'n nuwe mens. Selfs al is die mag van die sonde steeds daar, definieer dit my nie.

Wanneer ek in Christus leef, sê ek gewoon *nee* vir wat verkeerd is en *ja* vir wat reg is. Hoekom? Want ek kan. Dit is wie ek nóú is. My geveg is nie meer teen myself, of liewer my ou self, nie. Ek is 'n vry mens wat kies om op 'n nuwe manier uitdrukking aan die lewe te gee.

Die nuwe mens in Christus kan aanbeweeg. Dit gee aan hom of haar 'n roetekaart vir die deurmekaar oerwoud van menswees. Die belangrikste vir my was om te besef dat dit waarna ek gesoek het die hele tyd daar was – ek moes dit net aangryp.

Wat is van die ander belangrike insigte waartoe ek al gekom het?

- Jesus Christus het van die toekoms af na my toe gekom. Dit is ék wat in die verlede vasgehaak het.
- Die goed wat my oënskynlik terughou en bang maak, is baiekeer maar net die begin van iets nuuts en groots.
- Ek weet intuïtief wat die regte ding is om te doen, maar dan doen ek dit nie. Ek is dan ook vinnig om my besluit of optrede te verduidelik en te regverdig. Sonder dat ek dit besef, verloën ek myself in die proses. Baiekeer doen ek dit omdat ek nie onvoor-

waardelik liefhet nie en ook omdat ek net te veroordelend of beoordelend is teenoor ander mense.
- Die ingesteldheid van die mense met die Jesus-kepse is nie wat die Christendom moet wees nie. Waarskynlik is dit nie heeltemal hulle skuld nie. Dit is georganiseerde godsdiens wat hulle blind gemaak het. Hulle kan dalk baie hoog presteer op hul kennis van kerklike dogma, maar sal vermoedelik baie laag meet ten opsigte van geestelike intelligensie.

Wat het ek alles op my reis na groter geestelike intelligensie geleer?

- My geloof, in Christus, het as't ware hande en voete gekry binne die groter bestel van lewe. Die lewe het in die hier en nou meer en meer sin begin maak.
- Ek het baie meer selfbewus geraak oor wie ek is, wat ek glo en dat dit moontlik is om nog soveel meer te bereik. Ek het myself raakgeleef.
- Om 'n inspirerende visie te hê. Die uitleef en raakleef hiervan is meer getrou aan wie ek regtig is.
- Ek het op die harde manier geleer dat ek uit my dop moet klim en deel moet word van 'n groter ekosisteem, 'n groter werklikheid.
- Ek moes leer om verbande raak te sien. Alles in die heelal is verbind aan mekaar en vorm een groot geheel. Fragmentasie maak ons arm en stadig.
- Ek was verskriklik veroordelend en moes leer om meer lief te hê en vir ander om te gee.

- Ek moes leer dat verandering en ook ander mense geen bedreiging vir my inhou nie.
- Ek moes leer dat dit oukei is om goed te wees teenoor wat vir my belangrik is.
- Ek moes verstaan hoe belangrik dit soms is om iets eerste te doen. In sekere gevalle was ek die eerste wat iets innoverends anders doen en dit was goed.
- Ek moes verstaan dat dit oukei is om natuurliker en meer spontaan met hierdie wêreld om te gaan.
- Ek moes Jesus Christus verstaan en 'n stuk menslikheid in Hom raaksien sodat ek ook behoorlik mens kon word.
- Ek het besef dat ek in my eenvoud 'n hoër doel het om na te streef. Ek moes eenvoudig word wat ek bedoel was om te wees.

Vandag het ek 'n baie eenvoudige lewensfilosofie wat ontwikkel het vanuit my begrip van wat dit beteken om geestelik volwasse te wees. Dit behels die volgende:

- Ek weet wie ek is, wat ek op die planeet maak én wat vir my belangrik is.
- Ek het waardering vir die uniekheid daarvan om in Christus te leef. Dit is 'n lewenslange proses van ontdekking en groei om vas te stel wie ek in Christus is.
- Ek floreer op hierdie kreatiewe spanning van ontdek en herontdek. Ek geniet dit om in hierdie ruimte van moontlikhede te kan funksioneer.

- Ek leef uit die heerlikheid van my verbeelding, drome en aspirasies en nie net my herinnering aan wat agter my is nie.
- Ek wil meer aan ander gee en dit is vir my soms bitter moeilik, maar ek verstaan ook dat wanneer ek nie geleef het nie, daar ook niks is om te gee nie.
- Ek weet dat ek die geraas in my kop moet minder maak; daarom is dit belangrik dat ek kalm moet wees. Ek word Christus vir ander. Ek is kalm.
- Ek fokus 80% van my lewensenergie en tyd op die dinge waaraan ek wel 'n verskil kan maak. Ek moes my brein fiks maak hiervoor.
- Ek weet dat ek die kombinasie van doen en rus in my lewe moet regkry – en dít behels baie meer as net balans of prioriteite.
- Ek hou aan speel en kondisioneer my denke om in die spel van die lewe te bly.

God het 2 000 jaar gelede teruggekom om alles wat eens gebreek, verwaarloos en stukkend was, in Christus reg te maak. Die hele ekosisteem – met al sy interafhanklikhede – word nuut gemaak en verander om die heerlikheid van God voor te stel. Alles is een en die aarde word nou weer sy plek soos dit reg aan die begin was.

Soos die brief aan die Kolossense dit stel (hoofstuk 1:19-20): "God het mos self besluit om volledig by sy Seun te wees. Hy het daarvoor gesorg dat alles in die skepping weer in die regte verhouding met Hom gestel word. Hy is mos die doel waarom alles geskep is. Dit het Hy gedoen deur die onderlinge verhoudings in die skepping weer reg te stel, of dit nou op die aarde of in die hemel is. Dit het nie sommerso gebeur nie. Dit was duur. Dit het Hom sy bloed gekos wat aan die kruis geloop het."

Dit is juis omdat dit sy lewe gekos het dat "in Christus"-spelers die radikale andersheid van Jesus Christus in hul eie lewe wil raakleef en dit ook in die hele samelewing wil sien gebeur. Alles wat ek doen en leef, word vir my aanbidding en dit word primêr gedefinieer deur volgeling- of navolgingskap. Ons kan nie vir ander sterf nie en ons hoef nie, maar die vet weet, ons kan Jesus se radikale andersheid vir ander mense wees in ons doen en late; in eenvoud en toewyding.

Wat was so ingrypend anders aan Jesus dat iemand soos Paulus – wat hom nie geken het nie en selfs op 'n tydstip 'n vervolger van Christene was – so fanaties oor die wese van die Christendom geraak het? Ek glo dit het te doen met die radikaliteit van die nuwe geloofsbeweging. Dit het 'n nuwe oortuiging, 'n nuwe begrip van wie God is, gebied.

Hoekom sal ons dan vandag nog volgens die beginsels van die ou bedeling wil lewe? Dit het nie gewerk nie. Ons kan allerlei nuwe programme by die kerk aanbied, maar ek moet eerlik wees dat ek nie meer daarvoor krag het nie. Ek verstaan ook nie die meeste van die goed wat vir vandag se dominees en pastore belangrik is nie.

Dit is tyd om die prop uit te trek wanneer iets nie werk nie. Is dit hoegenaamd moontlik? Waarskynlik nie as jy binne die geïnstitusionaliseerde kerk sit nie; dit sal dalk te veel gevra wees en net té moeilik. Ek kan verstaan dat sommige gelowiges dink hulle gaan dan te veel verloor.

Jy sal uit die boks, of die geestelike tronk wat jou inperk, moet klim en jou bestaande begripsraamwerk bevraagteken. Jy sal ook bereid moet wees om 'n klomp van die goed wat jy geleer het, af te leer. Jou koppie wat vol is, moet eers leeggemaak word voordat jy dit van nuuts af kan vul.

Een van die beste goed wat nog met my gebeur het, was die dag toe ek as pastorale hulp en ook hoofleraar in 'n gemeente iets van hierdie siening aan 'n gemeente se leierskorps probeer verduidelik het. Ek wou gehad het hulle moet die kerk se missie sien as meer as net 'n bediening aan lidmate en gevolglik nie net binnewaarts fokus nie. My bedoeling was goed en ek wou niemand seermaak nie, maar ek het toe dalk nog net te min geweet.

Hulle het glad nie verstaan wat ek probeer sê nie en ons het mekaar heeltemal misverstaan. Ek het jammerlik gefaal om my boodskap oor te dra. Die leierskorps was hoegenaamd nie in staat om af te sien van hul vooropgestelde idees en die gemeente te sien as 'n entiteit sonder grense nie.

Ek moet ook noem dat ek toe nog nie geweet het wat ek vandag weet oor hoe 'n mens ten beste verandering in 'n besigheid of in mense teweeg bring nie. Ek het meer leierskap en visie verwag terwyl ek eintlik moes probeer het om ervarings te skep wat sou help om hul denkraamwerke te verskuif.

Ek is gemaklik om alle verantwoordelikheid daarvoor te

neem. Hierdie gebrek aan 'n gedeelde begrip het gemaak dat ek moes aanbeweeg. Sonder kwaad of verwyt het God toe net 'n nuwe deur – en daarna weer 'n volgende deur – aan my kant oopgemaak. Ek moes net deurstap en my lewe het aanbeweeg. *En Christos.*

Vandag is ek vry en het ek vir die eerste keer in my lewe 'n bediening waar ek op verskillende maniere mense se lewens positief probeer beïnvloed. Ek is 'n gewone mens wat my nie roem op 'n spesifieke titel of die gesag van my posisie nie.

My naam is Callie Roos, gebore Abraham Carel, en ek het grootgeword op die platteland en het later in die stad tuisgekom. Ek was 'n studenteleier en daarna 'n soldaat in hart en siel. Vandag is ek die man van Olga en die pa van drie dogters en het 'n klomp kleinkinders.

Ek is broos, eenvoudig, plat, aards, skaam en eenkant, maar tog het ek Goddelike krag danksy die Gees van God wat in my is. Die krag van God is in my en daarom is ek gehoorsaam, sonder vrees en angs; nederig, hard en reguit, maar het ek ook deernis omdat Jesus Christus in my is.

Ek stry teen arrogansie, meerderwaardigheid en ego, maar tog het ek 'n sterk wil wat getuig van beslistheid en selfs 'n stuk roekeloosheid. Soms kan ek lekker hardekwas of sommer net hardegat wees. Dit hang af wie jy vra.

Die een ding wat uitstaan bo alles, is my bereidwilligheid om te leer sodat ek kan groei.

Verder was dit belangrik dat ek my kon onderwerp aan die gesag van die Here, die Christus, die Seun van die lewende God, die opgestane Here van wie ek 'n broer is. Ek is een met Christus; daarom is dieselfde krag wat in Hom was, ook in my. My grootste gawe is 'n intuïtiewe gevoel vir wat reg of verkeerd is.

As jy ooit begin twyfel oor waar God in jou storie inpas en sodoende 'n slagoffer word van 'n gevoel van onsekerheid en mislukking, moet jy jouself vra waar die lokus van jou oortuiging is. As dit in goed buite jou is, soos byvoorbeeld reëls, wette, regulasies, dogma, skinderstories, die persepsie van ander, ensovoorts, is jy gedoem.

Wat behoort te gebeur, is 'n toe-eiening van Christus wat deur sy Gees in jou is. Hy is die Here en alle gesag behoort aan Hom. Die sleutel (lokus) tot wie jy is, is binne jou.

Onthou net weer dat daar in die ou bedeling meer as 600 wette en honderde ander regulasies op die Joodse "prestasielys" was van dinge wat mense eenvoudig moes doen of hulle van weerhou. Ek het vandag geen sulke dinge meer wat my lewe beheer nie. Nie 'n enkele een nie. Ek faal gevolglik ook nie ten opsigte daarvan nie, want ek is lankal nie meer 'n slagoffer van ander se prestasielyste nie.

Ek onthou nog hoe die predikant van die kuratorium wat namens die teologiese fakulteit oor ons as studente moes toesig hou, altyd twee vrae gehad het waarop ons moes antwoord. Wel, eintlik drie. Die eerste vraag was of jy dans. Die ander is of jy by die KJA (kerkjeugaksie) betrokke was en dan, ten slotte, waar jy gemeentelik inskakel. Met ander woorde: Het die geïnstitusionaliseerde kerk beheer oor jou?

"Nee, ek dans nie. Nee, ek is nie by die KJA betrokke

nie, ek is net te besig," het ek altyd so half moedswillig geantwoord. Die vraag oor inskakeling was maklik, want jy moes inskakel daar waar jy gebly het. Dankie tog ek is daardeur, maar die punt is dat ek ook van hierdie belaglike goed af moes aanbeweeg.

Later in my lewe moes ek keer op keer van dinge in die kerk wat net nie meer vir my sin gemaak het nie, aan- of wegskuif. Ander sal dalk kies om teen goed te praat of daaroor te kla. Vir my was dit net makliker om aan te beweeg.

Vandag kies ek om nie te identifiseer met die geïnstitusionaliseerde kerk en dogmatiese godsdiensbeoefening soos dit in die meeste Christelike kerke van krag is nie. Beteken dit ek draai of werk teen die kerk as instelling? Nee. My lewe en my tyd is daarvoor net te beperk.

Wat ek wel doen, is om vir mense aan te dui wie Jesus Christus na my mening is en daarom ook wie ék is, wetende ek het sy krag in my en dit bepaal my keuses. 'n Vreemde arrogansie, sou sommige dit noem. Wel, net as jy nie Christus in jou het nie, sou ek reageer.

Laat ek dit so probeer verduidelik: 'n Goeie militêre bevelvoerder behoort altyd in bevel te wees, maar hy weet in 'n konflik- of oorlogsituasie het hy min beheer oor 'n verskeidenheid dinge. Jy kan beplan en voorberei soos jy wil, maar wanneer jy eers oor die aanmarslyn begin beweeg, is daar baie dinge waaroor jy geen beheer het nie. Dan gebeur alles spontaan en vinnig.

'n Christen is vir my baie soortgelyk. Ek weet wie ek in Christus is en Hy in my. Ek verstaan die beginsels van menswees en my rol daarin. Ek is missiegerig en besig om God se plek op aarde te vul. Hy het my bemagtig om te verander en te groei.

Waarvan is ek dan in beheer? Nie veel nie. Christenwees is 'n natuurlike en spontane reis van vinnige besluitneming en aanbeweeg. Wat ek wel as Christen kan doen, is om ander Christene te bemagtig vir die lewe self; om die spel van die lewe te kan speel.

'n Kerk wat dus sy begrip van doen verskraal tot slegs die eredienste en 'n paar ander rituele, kan sekerlik nie sy rol volledig vervul nie. Die kerk van God behoort 'n rigtinggewer te word in álle aspekte van die lewe. Die belangrikste hiervan is die kuns om jou lewe holisties en sinvol te bestuur.

Vandag speel ek op God se eenvoudige doenbladsy. Ek doen wat goed is, daar waar ek nou is, én ek doen wat relevant is vir vandag. So ervaar ek die oorvloed van die lewe – skielik het ek genoeg tyd en geleentheid vir innovasie en kreatiwiteit.

En só word ek wie ek bedoel was om te wees.

12

Die geheim van intuïsie

Wanneer ek in die Timbavati met besigheidsleiers werk, probeer ek 'n ervaring skep waar al hul sintuie geïntegreerd aangewend word. Hoekom? Omdat die postmoderne mens hierdie vermoë amper geheel en al verloor het.

Wanneer die gaste op die spoor van wilde leeus is, raak hulle gou bewus van presies hoe afhanklik hulle nie net van al hul sintuie is nie, maar ook van die res van die groep. Jy kan jouself nie wil isoleer nie. In die natuur is ons interafhanklik van mekaar.

Hulle raak ook bewus van die tekens en die ander dinge in die natuur wat jou 'n beter aanvoeling gee en jou kan help oorleef. Dit is alles goed wat reeds daar is. 'n Goeie spoorsnyer, en ek werk met net die bestes van hulle, kan feitlik intuïtief 'n spoor volg sonder 'n beheptheid oor detail en of hy in beheer van die situasie is, al dan nie.

In ons geestelike lewe hier op aarde is die mens ook veronderstel om soos 'n geïntegreerde sisteem te funksioneer – een met homself en sy omgewing. Hierdie sisteem werk net as mense hul oorspronklike bedoeling kan uitleef. Wanneer God se bedoeling vir die mens vervaag, kan die mens nie sy volle potensiaal bereik nie.

Dit is die Gees van God wat in my is wat my in staat stel om my oorspronklike bedoeling uit te leef en my intuïtief te laat luister en waarneem sodat ek kan sien en weet. Jy sal kan sien wat ander nie sien nie en intuïtief weet as iets skort.

Ek en die spoorsnyers weet en sien die spoor wat ons volg, en dikwels ook die dier, lank voor ons gaste. Hoe werk dit? wil hulle dadelik weet en net daar begin hul moeilikheid. Hulle veronderstel dit is iets wat met die rede begryp kan word, eerder as met jou intuïsie. Hulle besef nie dat die tekens reeds daar in die natuur was en dat die spoorsnyers dit instinktief kon volg nie.

Die Heilige Gees is geanker in jou onderbewuste – dit is jou geestelike intuïsie. Dit is God se bedoeling en deel van die oorspronklike, goddelike meesterstuk van menswees. Die bewustelike denke of bewussyn wat uitdrukking gee aan die siel van die mens, is reeds daar. Wat bykom vir die Christen is die Gees, die intuïtiewe, dit wat eens weg was en nou weer terug is.

Georganiseerde godsdiens, die ruimte waarbinne die Jesus-kepse hulle graag posisioneer, het uitsluitlik die speelveld van bewuste denke geword. Hier is kerklike dogma die heel belangrikste ding en word 'n intellektuele aanslag gevolg.

Dit beteken dat seker die belangrikste aspek van die Gees, die intuïtiewe, verlore raak. Wat presies is dit wat ons verloor? Daardie intuïtiewe gevoel van harmonie, sinergie, sintese, spontaneïteit, menslikheid, roeping, moontlikheid, aanpasbaarheid en betroubaarheid. Dít terwyl dit ironies genoeg altyd daar is en beskikbaar is vir ons.

Dit is wat die mens verloor wanneer die Gees van God afwesig is in hom. Sy optrede word dan gerig deur ego, selfgerigtheid, selfhandhawing, selfsug en wat ek geestelike armoede noem. Sy gedrag sal dan getuig van vrees, angs, woede en geweld.

Geen wonder die postmoderne mens begin toenemend hoop opgee op homself en die mensdom nie. Vir soveel mense op die planeet lyk die toekoms nie baie rooskleurig nie. Iets móét verander – om dit net eers te besef, is die mens se heel grootste uitdaging op hierdie tydstip.

Rekenaars het baie intelligensie en kan in die nabye toekoms ook emosionele intelligensie toon. Emosionele intelligensie is ook by talle soogdiere aanwesig, maar wat uniek aan die mens is, is sy vermoë tot geestelike intelligensie. Dit is absoluut noodsaaklik vir die radikale transformasie van die mensdom sodat die mens se oorspronklike bedoeling uitgeleef kan word.

Die meeste konsultante wat met veranderingsbestuur werk, verstaan die kognitiewe prosesse agter veranderingsbestuur en menslike gedrag. Hulle ellende is dat ook hulle die geestelike komponent van die mens se wese met redelike denke probeer vul.

Om te erken dat die sleutel tot volledige menswees in die geestelike dimensie lê en daarom in die Gees van God sou neerkom op 'n belydenis in die koms en opstanding van Jesus Christus, is vir die wetenskap van gedragsverandering een te veel.

Stiltetyd, Bybelstudie en die bywoning van preekdienste is iets wat op die oppervlak gebeur. Om erkenning te gee aan jou geestelike dimensie is om een te word met die teenwoordigheid van die Gees van God in jou. Romeine 8:24-27 beskryf die nuwe lewe by God wat op ons wag, al kan ons dit nie sien nie.

Intussen het Hy sy Gees aan ons gegee om ons te help. Die Gees doen goed vir ons. Daar is hierdie deurlopende spel tussen wat die Gees vir ons doen en God self. Die Gees help ons om die wil van God te ervaar.

Vir die nuwe mens wat in Christus leef, is die fokus van die lewe heel anders. Waarmee ek besig is en waaraan ek dink, word duidelik in Filippense 4:8. Ek dink aan die goed wat vir God saak maak; dinge wat ordentlik en reg is; dinge waaraan God sal dink en waarvan Hy sal hou; dinge wat God sal sê goed is. Ek mors nie my tyd om aan allerhande nuttelose dinge te sit en dink nie. Ek hou my eerder besig met dinge wat die moeite werd is en wat God in 'n goeie lig stel.

'n Sisteem, ook die geïnstitusionaliseerde kerk, kan net werk as die mens sy gedrag in die sisteem verander. Om gedrag te verander, moet jy egter eers gevestigde denkraamwerke verander. Dan eers sal jy die uitkomste kry wat jy verlang. Dit is dalk waarom soveel van ons sisteemgoeters gewoon net nie werk nie.

Dit vereis dat ons die netwerke van verskillende denkraamwerke met mekaar in verbinding bring. Daarom het ons mekaar nodig en is dit eers wanneer ons só begin saamwerk en saamdink dat ons geestelike intelligensie verenig word.

Die "in Christus"-beweging is bedoel om uit een geestelike intelligensie te spruit. Ons is veronderstel om een te wees met mekaar en met God. Die woord "samewerking" kom van die Latyn *labore*. Hierdie woord moet 'n diepere geestelike betekenis vir ons hê, een van eenwording in alles wat ons doen of is.

Jy moet jou kop, dit is nou jou denke, vir die Here gee. Dit is immers waarna die woord "hart" in die oorspronklike beskrywende taal van byvoorbeeld Spreuke 4:23 verwys waar daar staan: "Wees versigtig met wat in jou hart aangaan, want dit bepaal jou hele lewe."

Vandag word dieselfde teks eerder vertaal met "wees versigtig wat jy dink, jou denke kan jou lewe ingrypend beïnvloed". Die oermens het gedink die hart is die setel van die denke, met ander woorde – jou denke sit waar jou hart in jou borskas is. Vandaar dat jy jou hart moet verander.

Vandag weet ons beter: Jou denke is die setel van wie jy is en dit is deel van jou brein. Dit is in jou kop. Dit wat instinktief vasgelê is, is in jou denke en dit is wat jy vir die Here moet gee, want dit is wat regtig moet verander. Dit gebeur in die onbewustelike aanvaarding van Jesus Christus deur sy Gees in jou.

Soos Kolossense 1:26-29 sê is dít die evangelie se misterie, oftewel die geheim:

Op my skouers rus die verantwoordelikheid om die boodskap van God van begin tot end aan julle te verduidelik. God het 'n geheim gehad. Baie eeue en geslagte lank het niemand geweet wat dit is nie. Maar die geheim is nou bekend. God het besluit om aan sy eie mense die geheim te vertel. Hulle weet nou hoe ongelooflik wonderlik hierdie geheim is, veral vir nie-Jode. Die geheim is dít: Christus is vir almal, ook vir julle. Op Hom kan julle met vertroue staatmaak ... Ek wil hê dat elke mens die goddelike doel in sy lewe moet bereik. Dit is alleen moontlik deur 'n intieme verhouding met Christus. Daarvoor gee ek alles.

Op die laaste aand van ons werksessies in die Timbavati het ek vir elkeen van die deelnemers 'n metaalvoetspoortjie gegee wat ook 'n botteloopmaker is. Daarop is aan die een kant "I am" gegraveer en aan die ander kant "On track". Dit was as bevestiging en herinnering dat hulle op die regte spoor is in hulle private lewe en in besigheid. Die grootste vraag bly egter steeds: "Wie is jy?" Daarom het ek altyd afgesluit met Descartes se bekende uitspraak: "Ek dink, daarom is ek." Ek het dan vir die deelnemers verduidelik dat ek net mooi andersom glo: "Ek is, daarom dink ek."

Verlossing beteken nie om net te wil wegkom van God se oordeel en straf nie. Dit beteken eerder om te word wie jy bedoel was om te wees; om die uniekheid van jou reis en jou gawes te verstaan en om te ontdek wat dit beteken om deel te wees van 'n lewende God se skeppende en herskeppende genade.

In jou verlossing beantwoord die mens die groter vraag na wie hy as heel mens is; dit wil sê nie as 'n gefragmenteerde wese nie. Gister en eergister, maar ook die toekoms, kry betekenis in die nóú.

Dit gaan dus om baie meer as slegs die vergifnis van sonde.

Om jouself in God te vind is ook om God in jouself te vind. Jy word 'n weerkaatsing of duplisering van die wese van God self. Die teoloog Irenaeus bevestig Jesus en Paulus se lering in hierdie verband wanneer hy skryf: "The glory of God is the human person fully alive … God became man, so man could become like God."

Filippense 2:13 verduidelik hoe God met my besig is wanneer ek voel ek wil iets doen wat Hom gelukkig maak. Ons word een in doen. Dit is ook om hierdie rede dat ek dan kans sien vir alles in die lewe, die goeie en die slegte, want Jesus is my bron van krag (Filippense 4:13).

Nie alleen is ons *in* God nie, maar ons bestaan ook *deur* God. Wanneer ons deur ons beperkinge breek, ontstaan daar nuwe moontlikhede deur God. Hy praat, genees, raak, gee liefde en vier fees deur my.

Dit is hier waar gebed ook inkom. Hy wat die Gees van God in hom het, het 'n heel ander behoefte en dit is om in gesprek te wees met die Een wat sin gee aan sy hele bestaan. Sy verlosser. In gebed bevestig hy God se bedoeling tot lewe.

Dit is soveel anders as om die hele tyd net te bid en te

vra. Ons vra selfs dat die Here sal gee vir hulle wat minder as ons het. Wat 'n vreemde arrogansie.

In verlossing ontdek ek myself in Christus deur 'n reis van verandering en lewe waar alles verbind is en niks meer gefragmenteerd is nie. Ek ontdek wie ek is in Christus; in alle belewenisse en alle verhoudings. My totale wese gee uiting aan Christus en in alles wat ek doen.

Geen wonder dat daar na die vroeë Christene verwys is as "die weg" en die navolgelinge as "die mense van die weg" nie. Hulle het die pad gewys en die pad geleef. 'n Beweging van Goddelike krag. Verlostes.

Iemand vra my op 'n keer: "Maar is die ou bedeling dan totaal nutteloos?"

"Natuurlik nie," antwoord ek. "Aanskou die stryd en worsteling, dink daaroor na en leer by hulle wat volgens die ou bedeling lewe."

Dink maar net aan Kaleb en hoe hy op 85-jarige leeftyd nog lus was vir oorlog maak (Josua 14:6-15). In sy kop was hy toe nog net so sterk soos toe hy 40 was en hy het met dieselfde ingesteldheid geleef as 45 jaar tevore.

Wat 'n storie en wat 'n inspirasie. Sy verhaal is 'n les in positiwiteit en "grit". Praat nou van vasbyt met 'n langtermynvisie. Natuurlik moet ons hieraan herkou en aanhou leer by die verhale van sukses en mislukking.

Dit maak egter nie meer vir my sin om net vas te haak by die kerk en Jesus-kepse se sinlose geploeter sonder dat God se heerskappy duidelik in hul lewe is en met God altyd elders in hul wêreld nie. Wat 'n verkwisting van tyd en menslike potensiaal. Dit is genadiglik nie meer my lewe nie. Nou leef ek die alternatief.

Ons maak deesdae baie van die ikonografie in die kerk, dit wil sê van voorstellings van geloofshelde. Hoewel ek die belangrikheid hiervan verstaan, dink ek nie ons behoort prentjies van helde wat lank terug gelewe het teen ons mure op te plak nie.

Wat ons eerder nodig het, is lewende ikone; mense soos ek en jy wat in die dorpe se strate 'n verskil gaan maak. Gelowiges wat in die spoor van Jesus Christus loop en as ons goed is, selfs hardloop, want 'n goeie spoorsnyer kan hardloop op die spoor. Net so kan ek en jy ook goed raak met spoortrap.

Iemand vra my lank gelede om by 'n makrogemeente te gaan praat in 'n week van gesprekke oor die onderwerp "Verandering en groei in die huwelik". Een van die organiseerders vra my voor die tyd wat my tema is. Ek antwoord: "Oor 'n huwelik wat werk." 'n Ander organiseerder wou toe by my weet of my huwelik dan eens nie gewerk het nie.

"Nee," antwoord ek. "Dit het nog altyd gewerk."

"Maar dan kan jy nie oor die huwelik praat nie," reken hy.

"Hoekom nie?" wou ek weet.

"Jy het nie 'n getuienis nie. Jou huwelik of jy moes eers misluk het, dan het jy 'n getuienis," verduidelik hy. "Jy moet eers stukkend wees voordat jy heel kan word," gaan hy voort.

Terwyl hy praat, besef ek dat dit net hier is waar die ou bedeling en die nuwe bedeling bymekaarkom en ook uitmekaarspat. Ek het besluit ek gaan nie terugstaan nie.

"Natuurlik kan ek praat oor 'n huwelik wat werk. Dit is al wat ek ken."

"Die duiwel gaan jou uithaal," sê hy.

'Glo jy dit regtig?' vra ek.

"Ja," kom die antwoord.

"Wel, ek glo dit nie. Die duiwel is dan by die kruis oorwin. Huwelike is veronderstel om te werk. Ja, dit is soms harde werk; partykeer die hardste soort werk, maar ek moet dit weer sê: Dit is al wat ek ken."

Ek het toe wel gepraat by die groot kerk. Die predikant wat my moes voorstel, het my die aand met 'n redelik stywe lip gegroet. Ek het hom nie weer ná die tyd gesien nie. Hy het nie eens gegroet of dankie kom sê nie.

Baie mense het gesê dit was een van die beste praatjies daardie week – die een oor die huwelik wat werk en waarom dit werk. Ja, dit is gewoon hoe God dit bedoel het tussen man en vrou, het ek gedink. Dit hoef nie so moeilik te wees nie – die oorspronklike ontwerp is baie eenvoudig!

Dit het my ook laat wonder of baie Jesus-kepse miskien nie wil hê dat goed moet werk nie. Dalk voel hulle dit plaas te veel druk op hulle.

Vir my raak dit al hoe moeiliker om saam te leef met hierdie ruimte waarin die gelowige hom in die 21ste eeu bevind, waar hy as't ware vasgevang is tussen die ou en die nuwe bedeling. Dit bied net 'n gerieflike verskoning vir middelmatigheid, onegtheid en mislukking. Hoekom moet ons kwansuis eers sukkel en swaarkry en dan, as ons gelukkig is, kan ons verlos word en getuig van God se genade?

13

In Christus

Vir Paulus som die konsep van "in Christus" sy hele begrip op van wie Jesus Christus was. Onthou dat Paulus nooit vir Jesus persoonlik geken het nie. Hy het alleenlik die opgestane Here of Christus geken soos wat hy dit in die lewe as 'n "in Christus"-gelowige ervaar het.

Dit is ook belangrik om daarvan kennis te neem dat Paulus nooit die term "in *Jesus*" gebruik nie. Hy verwys slegs na "in Christus", "in Christus Jesus", "in Jesus Christus" of "in die Here". Die rede is omdat dit gegaan het oor die opgestane Christus en nie bloot na 'n fisieke verhouding met die mens Jesus verwys het nie.

Vir hom was dit 'n geestelike verhouding wat onafhanklik van plek, ruimte en tyd bestaan het. Dit was 'n verhouding wat getuig van 'n opgestane, altyd teenwoordige en altyd lewende Christus. Vir ons beteken dit Christus is in die hier en nou. Die verhouding is onbeperk en nie plekgebonde nie. Paulus sluit homself nie in met hierdie verwysings na *en Christos* nie. Hy verwys wel na die ekklesia of ander individue as *en Christos*. Die kerke en ook individuele gelowiges is in Christus en dit word simbolies van hulle eenheid in Christus.

God se bedoeling met die ekklesia is om eenheid te skep in 'n andersins gedisintegreerde en ontwrigte samelewing waar die "in Christus"-gelowige volkome bemagtig is in die krag van Christus. Heel konkreet en heel prakties beteken dit dat die "in Christus"-verhouding kalmte en rustigheid bring; 'n vlak van onafhanklikheid, maar ook interafhanklikheid, asook volwassenheid.

Daarom is vandag se voorstelling van kerke en denominasies met al hul verskille en geskille karikature of verkreukelde namaaksels van die oorspronklike bedoeling van die ekklesia of kerk van God. Dit is eintlik een groot verleentheid in my begrip – 'n sieklike kombinasie van ego, kultuur en tradisie ter wille van die behoud van die instelling en sy agenda.

Vir my verteenwoordig hierdie verskille die spanningsveld tussen die bedoelde wêreld en die geïnterpreteerde wêreld. Daar is God se bedoeling met die mens in die wêreld en dan is daar ons interpretasie daarvan. Die gaping tussen dié twee entiteite is dikwels baie groot. Dink maar net aan die huwelik, familie-dinamika of aan ouerkindverhoudings en watter verskil daar is tussen hoe God dit bedoel het en wat die mens daarvan gemaak het.

Vir Paulus gebeur elke aksie, woord en optrede in Christus. Ek staan in 'n direkte en persoonlike verhouding tot Christus. Daar is geen tussenganger nie. Dit is ook belangrik om daarop te let dat dit nie *deur* Christus is nie, aangesien "deur Christus" 'n verskraling sou wees van sy eintlike bedoeling.

My persoonlike reisplan, letterlik alles in my lewe, is

vandag in Christus ingeskryf. Wat vind ons in Christus? Vertroosting, oortuiging, vryheid, waarheid, belofte, wysheid, nuutheid, andersheid, geroepenheid, gevestigdheid, gawes en kalmte.

Elke goeie ding, elke deug, is in Christus. Kolossense 1 som dit goed op deur te sê daar rus op my skouers die verantwoordelikheid om die boodskap van God van begin tot einde aan ander te verduidelik.

Die geheim wat God gehad het – dat Christus vir almal is en dat Christus in jou is – is nou bekend. Ons kan op hom staatmaak terwyl Hy vir ons almal wonderlike dinge wil gee.

Daar is ook nie iets misterieus (ekstaties, histeries, hoog emosioneel) in die "in Christus"-belewenis nie. 'n Lewe in Christus gaan nie saam met oomblikke van opsweping of tydelike opflikkering nie. Nee, dit is 'n permanente lewenstyl wat my totale menswees omvat. Dit is 'n outentieke lewensstyl ten opsigte van wat opreg is. Ander kan jou volledig vertrou.

Wanneer ek vandag by sommige Christelike kerke kom en die Jesus-kepse staan met hul hande na bo terwyl hulle hul oë opslaan na die dak, kan ek nie help om ook op te kyk en te wonder waarvoor hulle soek of waarop hulle wag nie. Die belewenis van die volk Israel, oftewel eerder God se volk, was dié van wagtend, soekend en verlore wees.

Vir die Jesus-kepse is God altyd weg of elders, iewers daar bo. In die erediens is Hy buite en Hy moet eers ingenooi word.

Die Jesus-kepse moet kerk toe gaan om God te gaan vind. Vir jou wat *in* Christus leef, is jy die kerk, want jy het Jesus Christus nou in jou. Die lokus is binne jou. Die geheim van die evangelie is tog dat Hy deel van ons is. As gelowige *is* jy én *word* jy die ekklesia.

As jyself die kerk is, beteken dit jy moet ook die manier hoe jy oor die kerk praat, verander. Jy kan nie meer sê "ek gaan kerk toe", bedoelende die gebou in die dorp nie. Dit is ook nie reg om te sê "ons kerk is op daardie plek, of in daardie woonbuurt" nie. Die kerk is immers net 'n gebou waar kerkmense bymekaarkom.

Dit sou beter wees om te sê jy gaan na 'n samekoms of byeenkoms van Christene. Noem dit 'n erediens as jy wil. Jesus-kepse gaan kerk toe terwyl Christene die kerk is.

Wat Paulus vir ons duidelik maak, is dat die Christendom net van binne verstaan en beleef kan word. Paulus self kom radikaal tot inkeer op die pad na Damaskus. In Christus word hy 'n nuwe mens. Christus word deel van Paulus se totale bestaan. Die lokus wat eens buite hom was, is nou binne hom.

Daarom staan die Christen in die erediens met leë hande. Hy het niks om te offer nie. Tog is hy gereed om die bevelvoerder se opdragte doelgerig uit te voer.

My *en Christos*-wees is baie sterk gekoppel aan geestelike intelligensie. Die Amerikaans-Britse fisikus Danah Zohar en haar psigiater-man, Ian Marshall, se boek *Spiritual Intelligence: The Ultimate Intelligence* (2000: Bloomsbury) het my baie gehelp in my eie verstaan op 'n tydstip toe ek ook maar soekend was. Hulle gaan van die standpunt uit dat geestelike intelligensie die belangrikste intelligensie is. Dit is die mees aanpasbare en transformerende intelligensie omdat dit die mens in staat stel om betekenis en waarde aan die eie lewe te gee en om vooruit te gaan in die lewe.

Om die waarde van geestelike intelligensie te besef het seker vir my een van die grootste deurbrake in my private en my werkslewe gebring. Zohar en Marshall se ander boek, *Spiritual Capital: Wealth We Can Live By* (2004: Berrett-Koehler Publishers), het my weer gehelp om selftransformasie beter te verstaan en hoe om verandering in korporatiewe kultuur teweeg te bring. Dit het meerdere sin en betekenis in my lewe gevestig.

Sonder sin en betekenis was ek maar net 'n navolger van ander en nie naastenby die mens wat ek bedoel was om te wees nie. Daar was net te veel vrees en onsekerheid en dit het my stadig en bang gemaak. Ander kere het ek die pad van die minste weerstand gevolg en verdwaal in die wêreld van "eendag" en "as ek maar net ..."

Toe ek groter sin en betekenis kry, het ek ook die waagmoed gekry om nuwe dinge aan te pak. Ek het die moed gehad om aan te wil beweeg en om die betekenis van die lewe verder te ontdek. Ek het hierna gewis meer passie in my lewe gehad en daarmee saam 'n klomp energie om vorentoe te beweeg.

Wat ek nie besef het nie, is dat dit presies is waarvoor die hardeware in my brein ontwerp was. As ek die regte vrae vra, sal ek met die hulp van my geestelike intelligensie die antwoorde kry op al my lewensvrae en onsekerheid. Al wat ek moes doen, was om die regte sagteware op te laai. Ek moes my denke só vernuwe dat ek God se bedoeling met my lewe kon verstaan.

Die punt is, my doel in die lewe word gedryf deur die dinge wat my passievol maak. Passie is niks anders as hoë energievlakke nie. Dit is hierdie energie wat lewe gee en waarop die hele sisteem ook voed. My geestelike energie, hierdie wete van wat moontlik is, het die antwoorde op my lewensvrae verskaf.

My geestelike intelligensie is onbeperk en geweldig transformerend. Dit stel my in staat om my hoër doel na te streef en ek kan dit ook doen, want ek het nou die vermoë daartoe. Dit definieer my as mens.

Dit stel my in staat om te kan speel met alternatiewe, om die grense van moontlikheid te ondersoek en help my om uit 'n ou begripsraamwerk te breek. Dit gee my die vermoë om vinnige morele keuses te maak en te soek na dieper betekenis. Dit is ook my geestelike intelligensie wat vir my kalmte bring, rustigheid in krisis en iemand wat samehorigheid probeer bewerkstellig. Dit maak my altyd strewe na iets meer en iets hoërs.

Vir die "in Christus"-mens is daar 'n lewe van hoop en insig in die groter geheel se werking, maar ook die vermoë en wil om die onbekende te ontdek. Dit is ook my geestelike intelligensie wat my help verstaan waarom ek doen wat ek doen en my sal laat besef indien daar dalk 'n beter manier is. Dit gee my as't ware 'n mededingende voordeel in terme van my pogings om dit te word waarvoor ek oorspronklik bedoel, of geskep is.

Dit is die intelligensie wat my soms ook help om eerste

te wees, bedoelende eerste met idees en gedagtes vir transformasie en voortbestaan.

Daarom is dit nie net my geloof in die opstanding van Christus wat saak maak nie, maar spesifiek ook my toe-eiening van die krag van die Gees van God in my. Ek word heel. Ek word een.

Is dit arrogant om aan jouself te dink as vry, as nuut en anders? Kom ek hou my antwoord eenvoudig. Die probleem is glad nie met die feit dat jy 'n nuwe identiteit het nie.

My hele wese, my ganse natuur het verander. Ek is nie die resultaat van die een of ander selfverbeteringskursus met 'n godsdienssousie bo-oor nie.

Inteendeel, ek het 'n nuwe hemelse perspektief omdat ek anders dink; nie net oor my lewe nie, maar ook oor die dood. Vir my word die lewe hierna – en hiermee bedoel ek ná die dood – net 'n verlengstuk van wat ek reeds is. Daarom maak dit soveel meer sin om nóú reeds God se bedoeling vir my lewe raak te leef. Die dood is 'n realiteit, maar so ook die opstanding en die lewe hierna.

Die meeste mense vind dit moeilik, of selfs onmoontlik, om te antwoord op die vraag: "Wie is jy?" Miskien is dit omdat ons worstel om die verlede te aanvaar – of nog erger – om self God te wil speel.

Die kuns is om nooit op te hou leer wie jy *in* Christus is nie. Hoe anders sal jy ooit 'n waardige en outentieke lewe leef?

In Kolossense 3:10 word dit duidelik dat God vir my 'n nuwe stel klere gegee het wat my heeltemal nuut maak en al hoe nader aan God bring. Dit stel my in staat om Hom al hoe beter te ken en hoe beter ek Hom leer ken, hoe meer wil ek soos Hy word. So kom ek al hoe nader aan die doel waarvoor God my gemaak het – om sóós Christus te wees. Daarom vind ek dit maklik om met ander mense saam te werk en nog sterker uit te reik na wat God bedoel het.

Wat natuurlik hiermee help, is om te weet ek is selfs nog meer *in* Christus as wat Hy in my is. Dit beteken ek is nie meer deel van die eerste Adam nie, maar volledig deel van die tweede Adam. Ek het aangeskuif. Toe ek in die naam van Jesus Christus gedoop is, het ek deel geword van alles wat met Hom by die kruis gebeur het, van sy dood tot opstanding.

Romeine 6 sê as dit waar is dat ek saam met Jesus die dood binnegestap het, is dit ewe waar dat ek saam met Hom lewend anderkant uitgekom het toe God Hom met sy groot krag en heerlikheid uit die dood laat opstaan het. Daarom kan ek ook nou op 'n nuwe manier leef.

Om hierdie rede is ek ook nie meer 'n slaaf van die sonde nie. Dit lê finaal agter my en sonde het nie meer 'n houvas op my nie. Toe Jesus doodgegaan het, het Hy vir altyd 'n einde aan die mag van die sonde gemaak. Nou leef Hy as oorwinnaar by God.

Ek moet soos Jesus leef deur myself te beskou as dood vir die sonde en met sekerheid te wéét dat sondige begeertes nie weer 'n houvas op my sal kry nie. Hieroor behoort daar by my geen twyfel te wees nie.

Wie is die mens wat so min van hom- of haarself dink dat hy of sy die lewe ná Christus se dood steeds as waardeloos, nietig en 'n vermorsing sien? Juis dít is die Jesus-kepse se uitgangspunt.

Ek bied dikwels seminare aan waar daar Moslems, Hindoes, ongelowiges en ook Jesus-kepse in die gehoor sit. Ek is dan altyd verbaas wanneer ons oor ons kwellinge, uitdagings en hoop vir die toekoms gesels omrede daar geen verskil is tussen die Jesus-kepse se reaksie en die res nie. Dit kan tog nie wees nie. Die een wat in Christus is, is immers 'n nuwe mens en dit manifesteer ook in die taal wat hy praat.

Die Jesus-keps sal altyd poog om sy identiteit alleenlik in siel (denke) en liggaam (fisiek) te vind. Ons het as mense 'n geweldig intense belewenis van die fisieke, maar een van die grootste lewenslesse wat ek moes leer, is dat ek ook Gees is. Die nuwe mens in Christus is van nature Gees. Hierin lê jou nuwe identiteit *in* Christus.

Ek wil dit net herhaal: Ons het verkeerdelik afgelei dat ons van nature sondig is of geneig is tot sonde. Die Gees van God kan egter tog nie wees in die een wat in sonde rondlê nie? Jy kan agter die sonde aanloop, ja, maar jy *is* nie sonde nie.

Jy is eerstens Gees en daarom is dit teen jou natuur om agter die vlees aan te loop. 'n Lewe in die Gees van God is die natuurlikste ding vir ons as gelowiges. Dit is wie ons is. Ons is wel afhanklik van Christus en uiteraard God se genade.

Om Christus te wees vir ander is natuurlik en spontaan. So vind ek my vervulling in die lewe soos God dit bedoel het.

Dit is net die manier waarop jy geprogrammeer is om oor dinge te dink wat jou nog beperk of gevange hou. Jy moet daaruit loskom. Jy is vry om elke dag op nuwe maniere uitdrukking aan die lewe te gee. Kortom, dit is veel natuurliker vir jou om die vrug van die Gees uit te leef as om in sonde te leef.

Leef net soos Jesus geleef het. Dit maak jou 'n nuwe skepping in die kleine, lees ons in 2 Korintiërs 5:17. Dit is nie veronderstel om 'n té groot gaping tussen ons en wie Jesus in sy menslike gedaante was, te wees nie. As daardie gaping baie groot is, is daar iets fout.

Lees gerus weer die eerste twee verse van Hebreërs 10 waar die mens in die ou bedeling met die ou wet gewoon nie kon wegkom van die sonde nie. Christus het ons hiervan kom vry maak deur onvoorwaardelik vir ons elkeen se sondes te sterf. In die proses het die Gees nie net vir Christus lewend gemaak nie, maar ook vir ons (1 Petrus 3:18).

Baie mense, veral die Jesus-kepse, wil Jesus volg, maar net met hul harte; dit wil sê, met emosie alleen. Die hart is net die spier wat bloed pomp in jou borskas. Daar is ook 'n groot gaping tussen die pomp in jou borskas en jou brein; dit wil sê jou denke en al die neurologiese prosesse wat onderliggend is daaraan. Jy moet eerder jou kop en jou siel – jou totale wese – vir God gee.

Jy moenie net jou bewuste programmering aan God oorgee nie, maar ook die onbewuste. Wanneer die Heilige

Gees in jou is, behoort die totale netwerk van verbindings aan Hom.

Ek dink weer aan my eerste mannekamp en 'n opmerking van ons kleingroepieleier, die een wat ons geestelik moet lei. Toe hy hom aan ons voorstel, sê hy: "Ek kom elke jaar op die kamp om net weer my hart vir die Here te gee. Tussendeur word my battery by herhaling pap, maar dan gebruik ek die kamp om te 'recharge'." Sommige mense sal sê: "Hy is so opreg eerlik. Dit is so mooi."

Ek vind dit egter tragies en kry hom eintlik jammer. Vir my verteenwoordig hy 'n tipiese Jesus-keps wat met sy hart glo. Dit is nie 'n standvastige geloof nie, maar een wat leef van een opflikkering na die volgende en waar die geloofsbattery maklik pap raak.

Christus kom en gaan nie – Hy blý. Wie in Christus en met die Gees van God in hom leef, kry 'n totaal nuwe batterysisteem. Dit is 'n battery wat op die agtergrond, in die onbewuste, hardloop en homself herlaai en terselfdertyd ook opdateer.

Dit is deel van die absolute misterie van God se genade. Daar is niks meer vir jou om te doen nie. Die werk is reeds afgehandel. Jou battery sal hou, jy hoef net te leef. Jy het bloot ervarings van die lewe nodig.

Dit is wat ek gehoop het om by die kleingroepieleier op die mannekamp te hoor – sy ervarings van die krag van die Gees en van die lewe wat werk. Ek het gesoek na sy verhale van vasbyt en die kuns van die lewe ontdek.

Maar dit sou nie gebeur nie, want sy batterye het deurlopend pap geword.

14

Christus in alles en vir almal

Vandag word ek toegelaat om die brood van die nagmaal ook vir my vrou en kinders te breek, en watter voorreg en wonderlike verantwoordelikheid is dit nie. Die hoogtepunt van my totale man-wees en pa-wees lê egter in die voorreg dat ek my drie dogters en later ook my kleinkinders kon doop in die naam van die Vader en die Seun en die Heilige Gees.

Nog nooit het ek so klein en tog ook so bemagtig gevoel nie. Nie oor die doop as ritueel nie, maar oor wie ek is – 'n Christen, wat ook 'n pa en 'n vader is vir ander. Die verantwoordelikheid tot alles wat sin maak, ook vir my kinders en húlle kinders, vervul my as mens.

"Maar wag," sal die Jesus-kepse sê, "ons kan nie almal hiermee vertrou nie."

Sommige gelowiges sal sê dis een te veel om te dink jy kan jou eie kinders doop op grond van jou geloof en die oortuiging van wie Jesus Christus in jou is. Dit is eweneens ondenkbaar dat jy byvoorbeeld die nagmaal aan vriende bedien.

Maar hoekom is dit vir ons so 'n vreemde idee? Ek was al op menige viertrektoer in Botswana of Mosambiek oor die Paasnaweek waar ons dan saam met vriende die brood sou breek en die wyn sou drink ter viering van wat Christus vir ons kom doen het. As óns die kerk is, behoort dit mos aanvaarbaar te wees. Dan is dit nie iets wat iemand net ín die kerk kan doen nie.

As ek in Christus lewe, is ek bemagtig in die mens wat ek is. Ek het nie 'n instelling, gebou, dogma of ritueel nodig om my Christenskap uit te leef nie.

Ek skat nêrens word dit so duidelik beskryf as in die gesprek met die Samaritaanse vrou nie. Jode het nie sommer deur Samaria gestap nie, want dit was immers die plek van die basters. Nog minder het 'n Joodse man sommer net padlangs met 'n vrou gepraat. Tog het dit juis volgens Johannes 4:3-26 gebeur.

Jesus het via Samaria na Galilea gegaan en langs die pad by 'n put gestop omdat hy moeg was. 'n Samaritaanse vrou het toe daar aangekom om water te skep. Sy dissipels was toe reeds na die naaste dorp om kos te gaan koop. Hy het haar vir 'n bietjie water gevra om te drink.

> "Verskoon my," sê sy, "maar waarom vra jy my water om te drink? Is jy nie 'n Joodse man en ek 'n Samaritaanse vrou nie?"
>
> "As jy geweet het wat God vir mense wil gee en besef het wie vir jou water vra, sou jy nie so 'n vraag gevra het nie. Jy sou eerder vir Hom water gevra het en Hy sou vir jou lewende water gegee het," het Jesus gesê.
>
> "Meneer, hierdie put is diep en jy het nie eens 'n

emmer en tou nie. Waar dink jy gaan jy daardie vars water vandaan kry?" vra sy. "Jy is tog sekerlik nie beter as ons voorvader Jakob wat hierdie put vir ons nagelaat het nie. Hy self het water uit hierdie put gedrink, soos sy kinders en diere ook."

"Wel, elkeen wat van hierdie put se water drink, sal ná 'n rukkie weer dors word," antwoord Jesus. "Wie egter van die water drink wat Ek hom sal gee, sal nooit ooit weer dors word nie. Daar sal iets in daardie persoon gebeur. Die water wat Ek vir hom sal gee, sal in 'n fontein binne-in hom verander. Hierdie borrelende, lewende water sal maak dat hy vir ewig sal lewe."

Geen wonder die vroeë Christendom het so 'n geweldige impak gehad nie. Die vroeë Christene het soos Jesus Christus omgegee vir ander en mense in nood het op 'n eenvoudige manier die objek geword van gee en bedien, sonder pretensie of sonder bybedoeling. Hulle het 'n ingesteldheid gehad van kom, ek help jou waar jy is.

Hierdie nuwe geloof is en word eenvoudig geleef. Ek het nie iemand se toestemming nodig nie – ek word gewoon Jesus Christus vir jou. Die mense van daardie era, die Grieke en Romeine, het nie hierdie omgee en liefde geken nie. Hulle kon nie verstaan dat mense so kan wees nie. Natuurlik ook omdat hulle Jesus Christus nie geken het nie. Hy was vir hulle vreemd.

Jesus Christus was egter nie vreemd vir die eerste Christene nie. Hulle het skielik 'n eie identiteit gekry. Hulle kon onvoorwaardelik liefhê anderkant hul eie geloofsgemeenskap en die samelewingsgroepering waaraan hulle behoort het. Om jou naaste lief te hê of om vir iemand wat jy nie ken nie om te gee, was binne hul verwysingsraamwerk. Die *en Christos*-gelowiges was revolusionêr anders in hul verstaan van die liefde van God.

Vir die ontvangers van hierdie liefde was dit oorweldigend anders as waaraan hulle gewoond was. Onthou, hulle het grootgeword met 'n siening waar jy nie hierdie godsdiensgoed buite jou kultuur-, etniese of rasgroep doen nie; amper net soos vandag.

Ongelukkig is daar vandag nog baie gelowiges wat wil teruggryp na 'n God wat net húlle stam, groepering of ras uitverkies het. Vir die vroeë Christene was daar egter geen grense meer nie. In Christus word alles en almal nuut gemaak.

Is daar uitkoms vir die Jesus-kepse? Ja, daar is. Dit is eenvoudig, maar intens anders. Dit behels 'n belydenis dat Jesus Christus die Here is, dat alle gesag aan Hom behoort en dat alles in jou daaraan ondergeskik is. Daar is geen plek meer vir ego of selfgerigtheid of arrogansie nie.

Daar is wel plek vir 'n stille aanvaarding van die Gees van God in jou. Christus is in jou. Die geheim van die evangelie is vir jóú. Jy leef jou lewe vanuit die oortuiging dat alles moontlik is. Jou gedrag kan teenoor alles en almal verander. Alles om jou kry nuwe betekenis. Jy word 'n speler van hoop. Jy is anders en jy weet dit. Daar is nie meer plek vir middelmatigheid of "ja, maar"-gesprekke nie.

"Ja, maar wat dan van my kerk of denominasie? Dit is heilige grond," hoor ek iemand bekommerd vra.

"Jy is die kerk waar jy jou elke dag bevind," sal ek antwoord.

"Ja, maar 'n klomp Christene bymekaar moet hulself tog kan organiseer, anders gaan daar chaos wees."

Hierop sê ek die volgende: "As jy iets moet organiseer omdat jy dit wil beheer of kontroleer, is dit nie die Kerk nie. Dan was dit nog nooit die Kerk nie. Dit is net hier waar ons moeilikheid begin het. As jy dit 'n ander naam gee as 'die Kerk', dit wil sê as dit byvoorbeeld 'n kerk wórd, dan is dit nie langer 'die Kerk' nie.

"Die Kerk is een, die Kerk is anders en die Kerk is die weg of lewenspad van hoop en daarom geloof. Dit benodig nie enige beheer nie."

"Maar ons is so verskillend in ons tradisies. Ons kan nooit een wees nie," kan die reaksie dalk wees.

"Dit is presies my punt. Dit is nie die Kerk nie. Ons moet oor begin."

"Is jy nou simpel? Dan gaan ons baie verloor!"

"Weer eens is dit juis my punt," sal ek sê. "Ons behoort die meeste goed te verloor, want dit pas net nie meer in by ons geloof nie."

"Ja, maar dan kan mense doen soos hulle wil, jy moet hulle beheer. Kyk net wat doen hulle reeds alles in die naam van al die verskillende verwysings na kerk. Dis chaos."

"Jy is reg," sal ek hierop antwoord. "Ten spyte van al ons sogenaamde beheer is daar in elk geval chaos. Wat het die kerk nog oor om te verloor as daar reeds chaos is?"

Weet jy wat, dit is 'n reaksie wat tipies is van die Jesus-kepse. Hier is my mening: Ons kan nie so naïef wees om te dink die evangelie onder die Heerskappy van Jesus Christus is só ingewikkeld dat 'n mens dit moet beheer om dit te laat werk nie.

Niemand het die eerste Christene beheer soos ons dit vandag binne 'n kerklike verband verstaan nie. Tog het hulle die samelewing van hulle era omgekeer – nie met dogma nie, maar in hulle verhouding met ander. Dogma in die Christelike tradisie maak dood, verdeel en verarm. Dit hou ons terug. Kyk rondom jou. Dogma, reëls en tradisies maak dat die mens nie die intuïtiewe wil van God kan najaag nie. Dit terwyl ons sy bedoeling maklik en deur vinnige besluitneming moet kan naleef.

"Dit gaan nie werk nie," hoor ek iemand sê. "Dit is te kompleks."

"Nee, dit is nie," kom my reaksie. "Kompleksiteit is God se terrein. Nou is dit ook die speelveld van almal wat die krag van God in hulle het. Maak vrede daarmee. Hierdie lewe is lekker kompleks én opwindend kompleks. Aanvaar dit eerder so. Wat wel onnodig gekompliseerd is en 'n dilemma skep, is die hedendaagse kerk soos dit deur die Jesus-kepse omskep is."

"Dit gaan chaos veroorsaak, hierdie *en Christos*-ding."

"Wel, dis eintlik presies wat dit behoort te doen," sê ek. "Vir seker gaan die Christen op die rand van chaos leef en werk, want dit maak ons vry om onvoorwaardelik lief te hê en werklik om te gee. Dit is waar die *in Christus*-gelowige hoort; hy behoort onbevange en wild te wees."

Ons het 'n revolusie nodig en lewens wat werk, verhoudings wat werk. Dit is nodig dat God se bedoeling hande en voete kry in die samelewing, hoe eenvoudig ook al. Maar die belangrikste van alles is lewens wat getuig van kalmte, van eenwording; van luister en sorg; van mense bemagtig en om ander te maak soos Jesus Christus.

Dit is wat nodig is om 'n spoortrapper te word – om in Christus se spore te volg en Christen te wees.

15

Relevansie

Toe ek nog 'n grootoogkind was, het die dominees ons altyd vertel daar was 'n bloudruk vir ons lewe, ons lewensplan was reeds geskryf. Alles is reeds bepaal en wat ook al met ons gebeur, is alles deel van God se plan; wees jy maar net geduldig en bid totdat Hy weer kom.

Vandag weet ek dis sommer snert. Ons skryf self ons storie. Sý storie word ook óns storie, of beter nog – ons storie word ook sy storie. As ons om die een of ander rede dalk die storie verkeerd geskryf het, kry ons ook die kans om dit weer oor te skryf of reg te maak.

Ons is direk of indirek verantwoordelik vir die goeie én die slegte wat op hierdie planeet gebeur. Dit sou baie gerieflik wees om die skuld vir die slegte dinge net op Satan of op God te kon pak. Dit is egter nie hoe dinge werk nie.

Die aarde en die mensdom is in hul wese nie vir mislukking ontwerp nie – ons het 'n rol daarin te speel om dinge te laat werk. In Christus is ons bemagtig tot nuwe moontlikhede en nuwe krag.

Jy skryf jou eie storie in 'n groter mate as wat jy dalk kan dink. Elke besluit wat jy neem of nié neem nie, is deel van jou storie. Jy kan nie onskuldig pleit hierin nie. Selfs deur stil te bly, het jy reeds jou storielyn gekies.

Benewens die feit dat ons ons eie stories skryf, is ons ook die hoofakteur daarin. Die enigste probleem is net dat sommige mense hul storielyn – die *plot* – verloor het. Sommige mense verstaan nie hul eie rol goed nie en kan dit dus nie goed vertolk nie. Soms vind ons dat ons in die verkeerde storie is, of ons laat toe dat buitestanders die uitkoms van ons eie verhaal met hul vooropgestelde aannames bepaal.

Daar is 'n nuwe boek, 'n nuwe geloofstorie wat geskryf moet word. Om vorentoe te beweeg, moet jy besef jy het nie die kerk as instelling nodig nie. Alhoewel die geïnstitusionaliseerde kerk altyd daar sal wees omdat dit wêreldwyd 'n magtige en vermoënde instelling is, dink ek hy moet uit die storielyn gehaal word.

Waar begin ons om as in-Christus-gelowiges self ons storie te vertel? Ek vermoed dit begin byvoorbeeld by mans wat weer mans word. Hiermee bedoel ek gewoon dat mans leiding moet neem in hul gemeenskap en in hul gesin.

Sommige vroue sal dalk nie daarvan hou dat ons die mans weer sterk maak nie. Vir hulle kan ek gerusstel deur te sê dat die meeste vroue hul mans in elk geval verby is wat geestelike groei betref. Dit is die mans wat die "catch-up" moet doen, nie met hulle vroue nie, maar ook met hulself en natuurlik met hul God.

Vir die vrouens beteken dit ook 'n herbesinning rondom rolle en hul begrip van hul geloof. Sekere vroue sal hul ingesteldheid moet verander.

Een keer was ek op my eie die aanbieder by 'n vrouekamp in die Mabula-natuurreservaat naby Bela-Bela. Toe ons 'n kort pouse vat, het 'n ry vroue van hier tot in Timboektoe gestaan – almal het die een of ander vraag gehad wat hulle my wou vra. Hul vrae het feitlik in alle gevalle gegaan oor hul eggenote en wat die mans veronderstel is om te doen.

My vraag aan hulle was of hulle 'n plan of oplossing gehad het waaraan hulle proaktief gewerk het. Die antwoord was meestal "nee". Diegene vir wie ek gevra het wat hulle doen om hul probleem te help oplos, het almal gesê hulle bid.

Hierop was my reaksie: "Hou op bid, Hy het jou lankal gehoor! Jy het 'n eie storie om te skryf en jy is die enigste aktrise in daardie verhaal. Die feetjies gaan dit nie vir jou doen nie en ook nie liewe Jesus nie. Jy moet 'n aktiewe speler in jou eie verhaal word sodat jy sy groot genade kan beleef."

In ons andersheid en uniekheid as storieskrywer en akteur lê ons ongelooflike vermoë tot aanbeweeg.

As die kerk vandag relevant wil raak as 'n werklike ekklesia moet hy ook revolusionêr raak. Los 'n slag die enkel Bybelversies, sou my advies wees, en lees byvoorbeeld eerder die briewe van Paulus en ander as 'n geheel.

Lees ook wyer en meer as net die Bybel. Daar is uitstekende boeke; nie net geestelike boeke nie, maar ook boeke oor leierskap, verandering en strategie en talle daarvan is geskryf deur mense wat gelowig is.

Dink byvoorbeeld aan die lesse wat ons kan leer uit die oorloë wat al gevoer is. Dit bied talle insigte ten opsigte van leierskap en alternatiewe denke. Jy wil ook 'n student hiervan wees.

Lees wyer, dink inklusief en word 'n fasiliteerder van nuwe moontlikhede en hoop. Van die skrywers wat my beïnvloed het, is Dee Hock, Arrie de Geus, Peter Senge, Joseph Jaworski, David Bohm, William Isaacs, J.P. Kotter en baie meer. Nie een van hierdie ouens het geestelike boeke geskryf nie en tog het ek baie oor die lewe by hulle geleer.

Die belangrikste is egter dat die kerk 'n plek moet word waar gelowiges vrykom van beheer en besit. Gemeentelede moet oortuig word dat die begeerte om die hele tyd in beheer te wees hulle lomp en stadig maak in die uitlewing van hul geloof. Hulle moet besef dat hulle in bevel is van hul eie lewe, maar bykans niks beheer of besit nie.

Om in bevel van jou eie lewe te wees, beteken die lokus is binne jou. Dit impliseer jy is duidelik oor God se bedoeling vir jou lewe – jy het sy hart gehoor en Hy weet dit. Sy bedoeling vir jou word as't ware jou mandaat tot die lewe.

Gedurende jou lewensreis is jy doelmatig besig om sy Koninkryk te laat kom. Jy weet waarheen jy op pad is en hoekom jy doen wat jy doen. Jy is 'n inspirasie vir ander. God se Kerk, die ekklesia, moet dinge onbevange, vinnig en doeltreffend laat gebeur. Hulle moet die gemeenskap infiltreer deur netwerke en hulle werk moet getuig van dienslewering.

Sodoende word gewone mense studente van God se bedoeling en integreer los fragmente in die groter geheel. Hulle word studente van leierskap, besigheid en opvoeding en is voluit betrokke om wat die lewe veronderstel is om te wees, tot uiting te bring. Hulle voer dinge deur en maak die werk klaar.

Daar is nie nou meer tyd vir programmetjies van Bybelteksies lees, bid en hande vashou omdat ons bang en onseker is nie. 'n Sagtehandjie-benadering sal dinge nie laat gebeur nie. Die "in Christus"-gelowiges laat die Koninkryk van God gebeur sodat God met sy groot genade onder ons doen en late kan inspeel.

Gelowiges moet wild raak in hierdie wêreld en aan die voorpunt van innovasie en verandering staan. Soms sal jy hard en reguit moet praat. Jy sal bereid moet wees om op te staan vir wat reg is en sekere ooms aansê om anders te dink en te doen.

Vir sommige kerklike titeldraers wil ek sê: Staan 'n bietjie eenkant toe dat diegene wat uit oortuiging en opregtheid optree, kan verbykom. Hulle is dalk besonder reguit, maar hulle bring hoop.

God het in Christus deur sy Gees deel van ons én deel van die hier en nou geword. Weg is die afstand, die eendag-God, of nog erger – die een wat van bo af regeer met een of ander misterieuse plan waaraan ons geen aandeel het nie.

In alles wat ons doen, is ons die implementeerders van sy koninkrykbeginsels. Ons tree nie op in isolasie nie, maar as bemagtigdes of vennote. God het vir Jesus Christus gestuur net soos wat Christus ons gestuur het. Ons is ook nie alleen nie, want Jesus bemagtig ons nie net nie, hy is ook *in* ons, deel van ons.

Daarom is dit so belangrik dat ons moet verstaan dat Jesus Christus die sogenaamde tempelgodsdiens of gebouegodsdiens ondermyn het. Hy maak sowel die deur as die weg na die Vader direk oop. In Christus word jy vergewe, eenmalig skoongewas en ontvang jy die Gees.

Ons dilemma is dat ons grootgeword het in kerke waar die evangelie verskraal is tot Sondagskool-boodskappies wat gevra het of jy al jou hart vir Liewe Jesus gegee het. Dan is daar diegene wat jou laat verstaan het dat hulle iets het wat jy nog moet kry, maar dat jy dit nie kan kry nie omdat hulle jou nie daarmee kan vertrou nie; óf diegene wat graag lysies uitgedeel het met al die sondige dinge wat jy tog net nie moes doen nie. Sal ek ooit die Sondagskool-tannie vergeet wat met haar drankasem vir my een dogter vertel het van al die dinge wat sy nie mag doen nie?!

Later is sy weer vertel sy moet 'n aangetekende bediening hê voordat sy toegelaat kan word om belydenis van geloof af te lê. Dit wil sê, sy moes iets kies as haar bediening. Sy het die dag by die huis gekom en vir my gevra of die oom langsaan, 'n belydende lidmaat, 'n bediening het, en wat van die een oorkant die straat en die volgende een en die volgende een? wou sy weet. Waar is die geloofwaardigheid of integriteit hierin?

Sy was ook die een wat die keer toe 'n slim, besoekende dominee die gemeente vra waar Christus is en niemand anders gereageer het nie, haar hand opgesteek het in die hoop dat hy haar sou vra vir die antwoord. Sy het voor gesit en haar hand was die enigste hand in die lug.

Hy het haar geïgnoreer, want hy het waarskynlik gedink hoe sal 'n kind nou die antwoord weet. Sy wat jare gelede as klein kind alleen in haar kamer gespeel het in die amper donker en toe ek haar vra of sy nie bang is nie, gesê het: "Nee, Jesus is in my, ek is nie bang nie."

Terloops, my dogter het toe nie in daardie jaar van "Het jy 'n bediening?" haar belydenis van geloof afgelê nie. Al was sy nog só jonk, kon sy reeds sien deur die Jesus-kepse se manier van doen.

16

My verantwoordelikheid as Christen

Die wese van God se missie vir die mens het met my totale menswees te make en met hoe God my vrymaak en uiteindelik ook bemagtig. Ek probeer nou alle aspekte van die lewe holisties integreer.

My speelveld is ver anderkant die dinge waarmee die georganiseerde godsdiens hom besig hou. My besigheid, kuns, musiek, politiek, skoonheid, pret, filosofie, liefde en sport is alles uitdrukkings van God se volheid of teenwoordigheid in my. Ek weet nou dat die grense en kompartemente waarmee ek grootgeword het, nie nodig is nie.

Die kerk word ook nie meer net vergestalt deur daardie groot gebou in die middel van die dorp nie. Ek is die kerk in alles en in almal om my; ook hulle van wie ek nie hou nie of hulle wat anders as ek lyk en dink. Die Koninkryk van God vind nou baie wyer uiting as in die geïnstitusionaliseer kerk en sy beperkte pogings tot relevansie. Vir die *en Christos*-speler omspan die Koninkryk God se volledige bedoeling vir menswees.

Op 'n keer toe ek weer 'n kursus in die Timbavati aangebied het, het iemand verduidelik hoe die komponente van sisteemteorie binne 'n besigheid inmekaarsteek deur 'n klomp los aaneenlopende sirkels op die grond te trek wat op 'n manier op mekaar volg. Vanuit die sisteemteorie is daar niks fout met hierdie prentjie nie, maar die vraag het tog by my opgekom: Wat as daar net een sirkel is? Wat kan ons hieruit leer oor hoe ons oor die lewe dink? Die planeet en al die sisteme en prosesse wat dit bymekaarhou, vorm een groot geheel. Alles is verbind aan en interafhanklik van mekaar – God en godsdiens staan nie eenkant of teenoor dit alles nie. Jou godsdiens is nie een van vele los sirkels wat saam die geheel van jou lewe moet maak nie.

Die moderne mens het 'n voorliefde om sy lewe te segmenteer en in verskillende kompartemente te verpak. Daarteenoor wil ek glo dat dit moontlik is om as een gedeelde bewussyn te funksioneer. Daarmee bedoel ek nie net een mens wie se belewenis van lewe een is nie, maar ook 'n lewe waar ons as gelowiges soos een begin dink; ons sien goed dieselfde, ons tree op asof ons een brein het wat dieselfde dink. Hierdie een gedeelde bewussyn is wat moontlik is, en intuïtief begin ons dinge as 'n geheel reg doen omdat ons dit dieselfde sien. Ons is een, nie net in Christus nie, maar ook in mekaar.

Daarteenoor het die eerste ekklesia 'n baie eenvoudige begrip gehad van hoe hulle een moes word met die hele samelewing. Die wyse mense in die dorp het bymekaargekom en beheer geneem oor die kwessies wat saak gemaak het, soos byvoorbeeld maatskaplike, veiligheids-, politieke en ander aspekte. Goeie buurmanskap, grond- en eiendomsbesit van afgestorwenes, noodplanne vir natuurlike rampe en wie weet wat nog alles was op die ekklesia se agenda.

As daar moeilikheid was, het hulle gesê: "Kom ons sorteer die gemors uit." En beslis nié die verantwoordelikheid na iemand anders probeer verskuif nie. Hulle het 'n gedeelde visie gehad oor wat gedoen moet word en dan die nodige hulpbronne gekanaliseer om die werk gedoen te kry. Al het hulle alledaagse wêreld hemelsbreed van ons s'n verskil, gaan dit hier oor die beginsel.

Hulle was beslis nie net 'n klomp burokrate wat bloot 'n klomp reëls gemaak het wat ander moes volg nie. Hierdie ouens het wysheid en insig en begrip na die gemeenskap gebring. Hulle was leiers wat deel was van die oplossing in die dorp waar hulle geleef en gewerk het.

Hierdie gemeenskapsleiers het die kuns van dialoog verstaan waar die gesprek gegaan het oor gedeelde begrip, betekenis en rede. Anders as vandag kon hulle na mekaar luister sonder al die vooropgestelde aannames.

Só 'n ingesteldheid maak leierskap relevant tot die lewe. Daarmee saam kom die taak om eenheid en samewerking in 'n ander, diverse samelewing na te streef. Die gemeenskap word een groot familie van subsisteme en subkulture wat leer om gemeenskaplik saam te werk. Boonop word hulle gedryf deur liefde en dissipline, óf pligsgetrouheid.

Wat jy dus kry, is leiers wat die gemeenskap met hul kollektiewe wysheid dien, saam met hul deurdagte leierskapsinsigte en die rigting wat hulle die gemeenskap gee in terme van wat om te doen en na te streef. Die uitkoms is dat die gemeenskap of samelewing beter word en dinge daarbinne grondig laat werk.

Hierdie nuwe "in Christus"-geloof het 'n enorme taak om betrokke te raak by gemeenskapskwessies in 'n land soos Suid-Afrika waar daar soveel uitdagings is op sosiale, maatskaplike, politieke en veiligheidsvlak. Die vlak of aard van hierdie betrokkenheid behoort nie soos dié van 'n organisasie te wees nie, maar eerder soos die van 'n (revolusionêre) beweging. Hierdie beweging van Christene behoort soos 'n golf deur die samelewing te spoel. Die golf kry sy krag in die natuurlike ritme van 'n oseaan.

Wanneer ek in die handel en wandel met mense praat, hoor ek alte dikwels van mense wat die land wil verlaat omdat Suid-Afrika op soveel fronte nie altyd doeltreffend bestuur word nie. Ek glo egter die ekklesia het 'n verantwoordelikheid ten opsigte van wat vorentoe in ons land gebeur. Die "in Christus"-gelowige kan hom nie losmaak van die verantwoordelikheid wat hy teenoor sy medemens het nie.

Dan is daar natuurlik ook meer ekstreme mense wat sommer wil oorlog maak. Baie van hulle sê dat hulle vanuit hul godsdienstige oortuiging die land wil reg baklei of reg skiet. As oud-Spesiale Magtesoldaat het ek 'n paar insette op hierdie reaksie en ek wil kortliks daarop uitbrei.

Persoonlik wil ek glad nie deelneem aan geweldsgeïnspireerde platforms wat deur ego, selfgelding en persoonlike agendas gedryf word namens sekere groeperinge binne ons samelewing nie. Glo my, dit stuur net af op sinnelose geweld en bloedvergieting.

Die meeste Suid-Afrikaners, wit en swart, ook die politici en oud-ANC-kaders, het geen benul watter geweldig negatiewe impak dit op die samelewing sou hê as dinge oorkook en geweld in die land tot gevolg het nie. Hou in gedagte dat Suid-Afrika nie in sy onlangse verlede in 'n volskaalse interne konflik gedompel was nie. Ons het geen benul van wat dit behels en die moontlike gevolge daarvan nie.

Die meeste van die leiers en organisasies aan opponerende kante van die politieke spektrum wat geweld goedpraat, word deur ego en emosie, insluitend selfgelding, gedryf.

As jy regtig wil oorlog maak, moet jy weet dat jy uiteindelik oor groot strategiese insig en goeie tydsberekening sal moet beskik. Daarmee saam het jy intuïtiewe en volwasse leierskap nodig en báie belangrik – genoeg hulpbronne wat jy weet hoe om aan te wend. Suksesvolle oorlogvoering is dikwels 'n konflik van alliansies en netwerke en dit vra omvattende inligting om dit alles te bestuur. Hierin het ons aan alle kante van die spektrum bitter min ervaring.

Ek sê dit hard en duidelik vir almal wat dink dat dit maklik is om sommer net die plek "reg te skiet".

Mense wil ons tog só graag met ons buurland Zimbabwe vergelyk, maar ons situasie is beslis nie dieselfde as hulle s'n nie. Die ekonomiese kragte wat op Suid-Afrika inspeel is heeltemal anders as daar. Ons hoop lê op 'n heel ánder vlak.

Daar is vir seker 'n volgende generasie leiers – en ek bedoel nie noodwendig jonger leiers nie – wat sal moet opstaan om 'n verskil te maak en die taamlik ellendige situasie in Suid-Afrika om te draai. Het hulle die insig en die wysheid van die ekklesia hiervoor nodig? Sekerlik.

Ek sluit nie uit dat daar dalk eendag weer 'n oorlog of interne gewelddadige konflik kan uitbreek nie, maar dan moet 'n mens dit deur 'n *en Christos*-bril benader. Anders gestel: Indien daar geen ander uitweg as oorlog of geweldskonflik is nie, moet dit om die regte redes gedoen word en gebaseer wees op wysheid en insig. Hierin sal die ekklesia nogeens leiding moet gee.

Glo my, ek praat nie ligtelik hieroor nie en ons sal hope wysheid nodig hê. Ek het wel al genoeg ervaring van konfliksituasies om te weet dat die mens altyd oorlog sal wil maak.

Ek was jare lank 'n soldaat. Die vormingsfase van ons opleiding as offisiere het die kern van ons soldaatwees uitgemaak. Dit was beslis nie gewone vakopleiding nie – dié het ek op ander plekke gekry. Na wat is ons dan gevorm?

Vorming was letterlik die "omvorming of hervorming na die beeld of voorbeeld van die een wat is". Daar is vir ons 'n baie duidelike prentjie of voorbeeld gestel van die verlangde gedrag van byvoorbeeld die offisier as heer. Daar was net één manier van doen, eet, praat, optree – hieroor het ons 'n gedeelde begrip gehad.

My hele wese as soldaat is deur vorming beïnvloed. Dit

het my omskep in die soldaat wat ek veronderstel was om te wees. 'n Soldaat of offisier word doelgerig gevorm op grond van bepaalde instruksies oor sekere vaardighede, kennisvlakke en gedragspatrone. Nie omdat dit maklik is nie, maar omdat dit sin maak. Dit is gewoon hoe dit hoort.

Dit was dus maklik om die offisier wat nie volgens die konvensie "as 'n heer" geleef en gehandel het nie, uit te ken. Selfs indien hy die kursus geslaag het, het hy nie ingepas nie. Korrekte optrede het immers ook 'n bepaalde vlak van moraliteit en sekere gedrag geïmpliseer. Al was die kursusse nie sonder foute nie, was die beginsel dat jy 'n ideale beeld moes nastreef van hoe 'n soldaat bedoel was om te wees, goed.

Wat vorming binne weermagkonteks dus reggekry het, was om offisiere al hoe meer te vorm na die beeld van die "ideale offisier" soos die weermag dit wou hê. Jy was opreg, oftewel outentiek, in sowel jou offisierwees as jou leierskap.

Iets hiervan is ook deel van Christenwees. Jesus Christus het egter nie vormingskursusse aangebied nie. Hy het dit eerder aan ons kom demonstreer. Vir sy volgelinge was dit 'n meer persoonlike leerkurwe waarin hulle vasgestel het hoe hulle meer soos Hý kan word. In Christus het God aan die mens 'n voorstelling gegee van wat dit beteken om werklik méns te wees. Dit is die voorbeeld om na te streef.

In terme van Jung se teorieë sou 'n mens kon sê dat dit 'n primitiewe denkbeeld is wat ons by ons voorvaders geërf het en wat veronderstel is om in ons kollektiewe onderbewussyn teenwoordig te wees. Die mens was dus eens op 'n tyd bekend met hierdie beeld; ons moet ons net weer daarna vorm. Dan sal ons outentiek mens wees soos wat Christus was. Trouens, Hy was om hierdie rede die Seun van die Mens.

Christus het vir ons gesterf sodat jý volkome mens kan wees. Dit beteken jy kry deur sy Gees se teenwoordigheid in jou bedoeling en betekenis. Jy wil dus nie godsdienstig wees nie, maar jy wil gevorm wees na Jesus Christus die Here en elke persoon wat bely dat Hy die Here is. Jy word nie lidmaat van die kerk nie, maar veel eerder deel van die vormingskool van Jesus Christus, die Seun van die lewende en almagtige God.

In Filippense 3 het Paulus dit mooi opgesom toe hy gesê het 'n lewe sonder Jesus Christus is "stront" (*skubalon* in die Grieks). Nietemin, soos reeds genoem, het hy verwys na hondemis en nie na menslike ekskrement nie. Die punt is egter dat dit verwerplik is en baie ver van God se bedoeling af terwyl 'n lewe in Christus waardevol en betekenisvol was. Honde het in Paulus se tyd geen waarde gehad het nie terwyl iemand wat Jesus Christus in hom gehad het, wel betekenis toegevoeg het.

Die sleutel tot die ontsluiting van die Christen se vormingsfase is die liefde. Dit is wat nodig is in die samelewing, jou besigheid en in jou huis. Hierdie liefde ken geen grense nie. Daar is ook nie grense tussen rasse, kulture of stamme nie. Indien jy dit nie kan aanvaar nie, moet jy weet dat jy nie met die Christendom ná die kruis, opstanding en hemelvaart te make het nie.

Christus het nie strepe in die grond getrek nie. Dit is wat ons hedendaagse lewe so dikwels uitdagend maak. Ek weet dat dit soms vir ons soos "mission impossible" voel, maar is dit regtig so moeilik as jy die krag van God in jou het?

Ek is immers *in Christus* vir die Jood, Arameër, Palestyn, Moslem, Zulu, Xhosa, Mosambieker, Amerikaner, Engelsman en mede-Afrikaan. Die feit dat ek nie noodwendig saam met hom vleisbraai of na die sportstadion toe gaan nie, is mos 'n heel ánder gesprek, is dit nie? Vir hom, die ander, bly en is ek *en Christos*. Dit kan nie anders nie.

Wat van kritieke belang is, is dat alles verander met die kruis, die opstanding en wat daaromheen gebeur. Alles wat vóór die kruisiging van Jesus gebeur het, is deel van die ou bedeling en behoort daar te bly. Dit skep dalk konteks én ons kan daaruit leer, maar dit werk nie vir ons lewe vandag nie.

Jesus se worsteling met die godsdienstiges van sy tyd speel af in die ou bedeling se begripsraamwerk wat nie gewerk het nie. Daarom is Hy deurentyd uitdagend en uittartend teenoor hulle.

Die wegbreek van die ekklesia as 'n nuwe geloof of kultus het alles te make met die opstanding van die Here. Dit is wat 'n nuwe bedeling laat aanbreek.

Die opstanding was die ding wat Jesus die Messias gemaak het ná sy dood. Vir Jesus Christus was die kruis en opstanding één ding, één gebeurtenis by wyse van spreke.

Ons moet onthou dat die evangelies nie regtig geskryf is vir die vroeë kerk nie en dit is waarom Paulus se fokus op die opstanding so belangrik is. Dit skep konteks vir nuwe gelowiges, wat Jode was, en nog meer so vir die Romeinse heidene wat Christene sou word. Ons leef en werk vandag uit die krag van die opgestane Here.

Elke gelowige het nou 'n nuwe begrip van die wêreld en God se rol daarin. Dít en 'n verstaan van die krag van God vir die mens kry vinnig gestalte buite Jerusalem. Dit is wanneer Paulus en ander soos hy die vlakte vat en wegkom van die stad of tempel dat die evangelie hande en voete in gemeenskappe kry; wanneer gewone Christenmense Christus word vir ander en 'n nuwe geloof 'n massabeweging word wat die ganse mensdom ten diepste aangryp.

17

Vryheid

Wanneer 'n mens na die nuus luister, is dit maklik om moedeloos te raak. Daagliks vind daar groot lyding reg oor die wêreld plaas. In Suid Afrika word ons deur tientalle sosiale en politieke uitdagings in die gesig gestaar wat alte dikwels die gevolg is van gebrekkige leierskap.

Vir die gelowige lyk dit dalk asof alles om hom stukkend is, of tot niet gaan. Dit kan jou maklik onderkry en dit word vererger wanneer jy aan eie bas 'n terugslag of teenstand ervaar. Waar laat al hierdie ellende ons?

Jou "in Christus"-geloof gaan gepaard met die seker wete dat die krag van God deel van jou lewe is. Juis dít word jou hoop, 'n lewende hoop. Sonder Hom is jy niks; bloot hondemis, in Paulus se woorde.

Die feit is, ons kan volkome vry wees in hierdie lewe wanneer die Gees van God en my gees een word. My intuïtiewe aanvoeling oor wat reg en verkeerd is, oorheers my bewuste denke en sonder dat ek dit eers besef, word ek soos Hy.

Galasiërs 5:10-26 stel dit op 'n aangrypende manier, naamlik dat Christus my vrygemaak het om regtig vry te wees. Ek hou vas aan hierdie vryheid en ek gee dit vir niks ter wêreld prys nie. Ek kan nie vir 'n enkele dag toelaat dat mense my weer 'n slaaf maak van hul verwarde sienings oor hierdie lewe nie.

Om hierdie rede neem ek afskeid van alles wat in die ou bedeling so belangrik was, anders maak ek 'n bespotting van die nuwe vryheid wat Christus aan my gegee het. Sou ek wel besluit om by al hierdie godsdiensreëls en -wette te hou om in die regte verhouding tot God te staan, sal ek Christus heeltemal afsny en buite die kragveld van sy genade beland.

As jy egter glo dat die Gees in jou is, weet jy dat jy op pad is na God se nuwe wêreld waar Hy sal sorg dat jou saak met God reg is wanneer jy eendag voor Hom moet gaan staan. As ek in Christus glo, maak dit glad nie saak of ek die teken van die besnydenis aan my liggaam dra of nie, want dit tel glad nie meer by God nie. Al wat nou saak maak, is geloof; daardie soort geloof wat maak dat ek ander mense met alles in my liefhet.

Dan volg daar 'n belangrike gedeelte waar Paulus praat oor ons vryheid:

> My broers en susters, God het julle na Hom toe geroep sodat julle vry kan wees. Moet asseblief nie hierdie vryheid misbruik as 'n verskoning om sonde te doen nie. Die belangrikste wat julle moet doen, is om mekaar lief te hê. Wanneer julle regtig vir mekaar omgee en lojaal aan mekaar is, doen julle presies wat God van julle vra. Die hele wet van God word in een enkele sin opgesom: Jy moet vir ander mense net soveel omgee

soos vir jouself. As julle altyd aan die baklei is, as julle mekaar soos 'n trop kwaai honde byt en verskeur, bly daar later niks meer van julle oor nie.

Julle moet julle lewe deur die Heilige Gees laat beheer. Laat Hy aan die stuur staan van alles wat julle dink en doen en sê. Dan sal die sonde julle nooit onderkry nie.

Hierdie vryheid maak my ook vry in my lewenskeuses. Ek doen nie meer net wat ek wil nie. In die woorde van Romeine 12:2: "Moenie tuis raak in hierdie wêreld met al sy boosheid nie. Nee, laat God julle van binne af nuutmaak. Laat Hy julle manier van dink verander sodat julle kan weet wat Hy van julle verwag. Dan sal julle ook weet wat sy wil is en hoe julle julle hele lewe elke dag aan Hom moet oorgee."

In hierdie deurmekaar wêreld, ook op godsdiensvlak, het ons miskien nie God se ingreep nodig nie. Dalk het God vandag eerder 'n ingreep van óns nodig.

Wat behels 'n sinvolle lewe dan? Dit is iets wat jy net in ander mense sal vind. Emmanuel Levinas, wat die filosoof van selflose liefde genoem word, sê jy moenie met hom oor God praat as jy dit nie kan regkry om in 'n verhouding met "die ander" te wees nie. Hoekom sal ons wat Jesus Christus ken en bely dan nog hiermee sukkel as hy wat Joods was, dit gesnap het?

Benewens ons liefde vir ons medemens kry ons sin deur die volgende riglyne en beginsels na te streef:

- God se Koninkryk sprei uit oor alles in my lewe. Die Koninkryk kry hande en voete in alles wat ek doen. Ek is nie heilig of skynheilig nie; net anders.
- In my God-belewenis is daar 'n verminderde fokus op Sondag en die kerk. Sondag is net 'n rusdag en die res van die tyd werk ek hard maar konstruktief.
- God is nie my pel of my pappie nie; Hy is en bly die Almagtige, Soewereine God. By Hom is enigiets moontlik en vir Hom het ek net die uiterste respek.
- My begrip van hierdie lewe is nie meer gefragmenteer of gekompartementaliseer nie. Ek beskou die lewe as 'n geïntegreerde, holistiese geheel.
- Hierdie wêreld is God se plek en daarom is dit 'n goeie plek. Daar is niks fout met die wêreld as 'n geheel nie. Dit is ons mense wat dit opfoeter.
- God word verheerlik in alles wat ek doen en wie ek is. Ek doen voortdurend aanbidding.
- Jesus Christus stel belang in en het elke dag belang by my doen en late. Hy is direk betrokke by wat ek doen en hoe ek dit doen.
- Daar is net een Jesus Christus en Hy is vir almal dieselfde; in alle gemeenskappe en reg oor die wêreld. Daar is geen verdeeldheid nie.
- Christene het 'n eenvoudige leefstyl; hulle is vreugdevol gevul met liefde en leef sonder veel bekommernis.
- Dissipelskap is aan die orde van die dag en is die natuurlikste ding om te doen.

- Alle Christen-gelowiges is spoortrappers – ons lyk en tree op soos Jesus Christus.

Om 'n sinvolle lewe in Christus te leef kan onmoontlik beperk word tot aanbidding in 'n erediens. Op 'n dag vra iemand my: "Gaan daar in die lewe hierna net aanbidding wees, bedoelende *worshipping* soos in 'n erediens?"

Ek sal darem liggies verras wees as daar in die hemel tot vervelens toe net liedjies gesing word. Ek sukkel om my kop om 'n God te kry wat dit só sou wou hê.

Ons missie is om sy Heerskappy te verkondig in alles wat ons doen. Ons doen dit net, sonder aansien of emosie. Johannes 13:15 som dit goed op. "Ek het nou vir julle 'n goeie voorbeeld gegee: Volg daardie voorbeeld. Doen aan mekaar wat Ek aan julle gedoen het."

Is daar 'n verband tussen wat sin aan jou lewe gee en wat jou in staat stel om jou nuwe identiteit in Christus te eien? Vir my is die antwoord 'n duidelike "ja".

Ek glo dat Hy gaan terugkom na die aarde en Hy gaan kom om dit wat stukkend is, te herstel. Daar wag dus 'n redelike verrassing op ons as mensdom, want die plek is nogal in 'n haglike toestand omdat ons krag en oortuiging tot niet is.

Ons is nie relevant in ons eie plek, sý plek, nie. Ons moet ons wêreld vir onsself terugvat.

Ongelukkig is daar nog só baie mense wat Hom nie regtig ken nie; vandaar die magdom Jesus-kepse wat hulself net jammer kry en nie kan wag om van hierdie wêreld af weg te kom nie. Asof dit nie genoeg is nie raak sowel die ongelowiges as diegene wat aan ander godsdienste behoort by die dag meer terwyl die Jesus-kepse net nog minder relevant raak.

Die eintlike vraag vir ons as Christene is: As Hy alles kom herstel het in Christus, hoekom is daar dan steeds soveel onnodige geweld, armoede en hongersnood? Niks hiervan is nodig nie – die aarde het die potensiaal om almal te voed en almal behoort veilig te kan wees. Die planeet kan homself versorg en het die inherente vermoë om homself te herstel.

Ons moet nooit vergeet dat ons wêreld en die aarde God se plek is nie. Daarom is dit 'n plek waar die volgende beginsels geld:

- Alles dien 'n doel, met ander woorde: Alles het betekenis of waarde.
- Alles hou verband met mekaar. As ons dus iets goeds doen, het dit 'n positiewe rimpeleffek op alles daaromheen.
- Samewerking en simbiotiese verhoudings is die norm. Die soort kompetisie wat ons tussen mense, kerke, skole, besighede, ensovoorts, sien, is 'n verkeerde ding.
- Ons kreatiwiteit lê in die oorvleueling tussen entiteite en nié in die verdediging van elkeen se eie klein hoekie nie.
- Die gesonde funksionering van die groter geheel be-

hoort altyd die eerste prioriteit te wees in alles wat ons doen.
- Toekomstige geslagte se behoeftes behoort voorkeur te kry. Daarom kan jy nie maar net onverantwoordelik verbruik en die natuur stroop om onmiddellike behoeftes te bevredig nie. Ons moet maniere van leef en werk vind wat dit vir almal moontlik maak om sinvol voort te plant en 'n bestaan te maak. Daar is genoeg hulpbronne vir almal as ons net ons verantwoordelikheid vir die aarde se voortbestaan aanvaar.
- Ons sisteme is oop en getuig van verdraagsaamheid. Ons probeer mekaar in ag neem, ten spyte van verskille en andersheid.
- Ons is nie bang vir verandering nie en beskou dit eerder as 'n geleentheid. Dit is presies hierdie onsekerheid en vasbyt wat ons voorberei op wat nog komende is. Dit maak ons robuuste spelers in die wêreld. Wanneer ander bang en onseker raak, kan ons aanbeweeg. Hou daarom op om te bid vir reën op jou plaas. Berei jou eerder voor vir die droogte wat jy weet gaan kom deur jou plaas proaktief te bestuur en voorsorg te tref. Jy moet genoegsame buffers opbou, nie net wat jou kontantvloei betref nie, maar ook met jou beleggings en ander hulpbronne waarby mensepotensiaal ingesluit is.
- Ons weet dat ons die swaarkry in die lewe nodig het om te kan groei. Ons vat die lewe soos dit kom en spreek nie aanmekaar oordele uit oor wat met

ons gebeur nie. Ons hanteer sowel die goeie as die slegte en dan beweeg ons aan.
- Ons kan aanhou leer by mekaar en by ander. Ons leer deur te doen. Ons skrik nie vir lekker robuuste ervarings in die lewe of ons werk/besigheid nie; wetende dat dit ons gaan help om vorentoe te beweeg. Mense het positiewe ervarings van die lewe nodig.
- Die kragtigste motiveerder is om te weet dat waarmee jy nou besig is, werk.
- Ons leef sodat ons ons potensiaal op verskillende vlakke kan raakleef en ontdek. Die reis duur voort. Altyd. Daar is áltyd die potensiaal vir meer in ander, asook in ons geliefdes.
- Ek het 'n identiteit; ek weet wie ek is en wat ek hier maak. Ek het geen twyfel oor die toekoms en my rol daarin nie.
- Ek het 'n siel en my siel is lewend. Net soos Jesus Christus is ek volledig mens, maar ek is ook Gees en het in Christus nuwe relevansie gekry.
- My huis is nie 'n woning of 'n plek nie; dit is nóg tempel nóg hemel. My huis is gewoon net die siel van die mens wat ek behoort te wees. Hierin word ek volledig herstel – *en Christos* – en dit is Hy *in* my wat alle sin en betekenis in my lewe bring.
- Ek leef glad nie meer in angs of voortdurende onsekerheid nie, want dit maak nie sin nie. Ek is sonder vrees.
- My leierskap is inspirerend, oftewel *in spiritus*; in

die gees. Ek kan ander se verbeelding aangryp deur die manier waarop ek praat, wat ek doen en hoe ek leef.
- Die lewe het eenvoudig sin. Dit is harde werk, maar lekker.
- Ek begryp dat ek in die lewe hierna met dieselfde goed besig gaan wees; die goed wat in hierdie lewe reeds sin moes maak. Daarom is ek nie bang vir die toekoms óf die dood nie.

Wat is die beginsels van hierdie nuwe bedeling wat dit so radikaal anders maak as die ou bedeling?

Eerstens het jy niemand se toestemming nodig om as nuwe mens te lewe nie. Inteendeel, hoe meer jy fokus op wat jy nou doen en die wonder en skoonheid sien in die lewe rondom jou, hoe makliker sal dit wees om al die oorvloed van God se genade te ervaar. Wanneer jy so in die oomblik leef, word tyd en ewigheid 'n illusie.

Tweedens maak geloof in Christus dit vir almal moontlik om God te ervaar in alles wat ons doen deurdat ons God in gemeenskaplike ervarings beleef en met ander saamwerk sodat die wêreld vir ons almal 'n beter plek word. Die gelowige neem die heil en geluk van die groter geheel in ag.

Derdens is dit 'n geestelike reis waar jy maar 'n mindere dog intense ervaring het van die fisieke. Hierdie geestelike reis bring innerlike verandering, want die lokus is in jouself. Jy is 'n geestelike wese en 'n medeskepper met die oortuiging van die Gees van God in jou. Jou dankbaarheid word die beginpunt van 'n baie eenvoudige wetenskap tot lewe.

Vierdens is dit so dat die mens deurlopend in 'n outentieke verhouding met sy Maker wil wees. Die mens wil goed voel oor hierdie wêreld waarvan hy vir altyd 'n integrale deel is. Dit is sy plek en hy is gemaklik hierin.

Vyfdens het God in Christus volledig mens geword sodat ons ook volledig mens kan word. Jy moet eienaarskap neem van wie jy is. Dit beteken jy beweeg weg van gebrokenheid en word heel – heel in oortuiging én in verwagting.

Sesdens beteken om 'n Christen te wees om in die Gees te lewe, sy hoop te omvou en Hom te volg in die werk wat Hy begin het. Dit is een ding om in Christus te glo, maar 'n ander om in alles in jou lewe 'n ervaring van hierdie Christus te hê.

In die sewende plek moet hierdie geestelike wete vir jou 'n kragtige gevoel van vryheid, betekenis en rigting gee. Dit moet jou 'n meester van volwassenheid maak en iemand wat die sin van die lewe ervaar. Dit maak jou 'n speler in God se Koninkryk.

Ten slotte, by wyse van afsluiting, Efesiërs 5:1-2: "Maak soos God gemaak het, want so maak kinders wat 'n liefdevolle Vader het. Elke dingetjie wat jy doen, moet van liefde straal. Dit is mos die voorbeeld wat Christus vir julle gegee het. Hy het ons so liefgehad dat Hy sy lewe tot ons voordeel gegee het. Hy het Homself geoffer en God het die offer aanvaar as betaling vir al die skuld wat ons met ons sondes gemaak het."

18

Deurbraak

In Mosambiek kamp ons onlangs met vakansie in Pomene feitlik op die strand met ons boskaravaan. Pomene is nou al jare een van ons gunstelingbestemmings en ons is hier om te rus.

Ons voel geweldig bevoorreg, want op daardie tydstip het ons toe al langer as twintig dae die mees perfekte weer. Elke dag lê ons in die sloep duskant die branders met sy warm water en kuier.

Enkele dae tevore staan Victorino, wat daagliks ons kamplek help onderhou, by die deur van ons karavaan en sê dat hy my iets wil vra oor Kersfees. Hy is Portugeessprekend, maar ons kommunikeer goed in gebroke Engels.

Victorino is onder andere 'n hulppastoor by een van die Christelike kerke in Pomene. Om die een of ander rede moes iemand vir hom gesê het ek glo soos die Jesus-kepse, maar hy't gou agtergekom dis nie die geval nie. Ons gesprekke was aan die begin ietwat stram, maar soos ons mekaar leer ken het, het ons gesprekke baie meer konstruktief en insiggewend geword.

So staan ons eendag en gesels in die koelte van die

Casarina-bome. Sy vraag aan my is of ek weet of Jesus op 25 Desember of 24 Desember gebore is. Sonder om hom te vra waarom hy my dié vraag vra, het ek hom my mening gegee.

Ek het verduidelik dat Jesus nie op een van die twee dae gebore is nie en ook dat die inligting nie belangrik is nie. Dit het nie daar gebly nie en my verdere verduideliking het uiteindelik twee uur van ons tyd in beslag geneem. In wese is dit wat jy in hierdie boek gelees het, my antwoord aan Victorino. Drie dae later was die basiese konsep vir hierdie boek toe ook klaar geskryf.

Op Kersdag lê 'n groot skip in die baai by Pomene en die passasiers plak by duisende op die strand by die lodge sowat vier kilometer van ons af. Ek en Olga gaan stap op die strand vir oefening. Dit is seker een van die mooiste plekke in Mosambiek.

Die strand lyk egter soos 'n varkhok en is met veral plastiek besaai soos op talle ander strande in hierdie pragtige land. Dit is die gevolg van visserskuite, die groot bootmaatskappye wat hier verbyvaar en natuurlik die plaaslike gemeenskap vir wie die rommel wat hier rondlê, skynbaar nie pla nie.

Vir my en Olga is die rommel egter 'n groot oogseer en frustrasie omdat dit andersins so 'n ongelooflike mooi plek is. Dit is heeltemal onnodig dat die plek só lyk, maal dit deur my gedagtes. Terwyl ons loop en plastiek optel, vra ek vir Olga: "Wat dink jy is die kans dat die kerk en die wyses van die dorp bymekaar sal kom en hard en duidelik praat oor die goed wat nie reg is in Pomene nie?

Ek kan nou al sien hoe hulle ná die gesprek tydens die 'erediens van die lewe' hande gaan vat en besluit om 'n klomp hulpbronne te mobiliseer en die strand om al die regte redes skoon te maak."

Olga kan hoor die sarkasme in my stem loop dik.

"Ja, daar is geen manier dat dit sal gebeur nie," antwoord sy. "Miskien moet ons self 'n klomp swart sakke voorsien en vir die *locals* vra om dit vol te maak."

Dit is my vrou – altyd prakties en vinnig om aan die werk te spring. Dit is egter nie wat ek wou hoor nie. Olga praat weer: "Vir elke sak wat hulle vol maak, gee ons hulle dan twintig rand."

"Moet ons hulle dus afkoop met geld om te doen wat reg is?" vra ek, weer so half sarkasties.

Dit is 'n oomblik stil tussen ons. Daar, en net daar, verstaan ek toe weer die kerk se dilemma. Wat die kerk móét wees en doen, is die kerk nié en hy sal dit ook nooit kan wees as iets nie fundamenteel in ons begrip van kerkwees verander nie.

My punt is: Die kerk en meer spesifiek die mense van die kerk soos dit bedoel was om te wees, moet inderdaad die strand skoonmaak, laat skoonmaak of help skoonmaak. Hulle behoort dit te doen sonder dat hulle omgekoop moet word om te doen wat *reg* is in hulle gemeenskap en hulle dorp.

Victorino het die vorige Sondag nie by ons kampplek opgedaag vir sy dagtake nie, maar ons aanvaar dit so; dit is immers die rusdag. Hy en die gemeente was twee uur lank in die kerk waar hulle liedjies gesing het. Hulle noem dit *worship*. Dit is waar hy sy tyd verwyl, maar vir my is dit 'n totale verskraling van God se bedoeling van wie ons as Christene is en wat ons behoort te doen.

Hoe kan die mense van Pomene op 'n Sondag liedjies sing en tussenin baklei met ander gelowiges in die dorp terwyl daar soveel werk is wat gedoen moet word? Die kerk vind sy bestaansreg in ingewikkelde oorlewingsgoed wat ongelukkig totaal irrelevant is in terme van die uitdagings van ons tyd. Die vraag is of dit enigsins anders is in die stad waar ons vandaan kom.

"Die gaping tussen hoe mense geprogrammeer is om vanuit die kerk te dink en hoe God dit oorspronklik vir die mens bedoel het, is net te groot," sê ek vir Olga. "Nog nooit was die kerk as 'n verlengstuk van die Koninkryk van God so irrelevant en ondoeltreffend nie. Op alle vlakke van die samelewing krepeer die wêreld in sy ellende. Die kerk waarvan ek deel is, speel jaar vir jaar van sinode tot ring tot gemeente bloot speletjies met wat vir my lyk na onbenullige snert wat deur persoonlike agendas gedryf word en neerkom op 'n magspel van ego's en selfhandhawing."

Sy kyk my aan sonder om te reageer en tel nog 'n stuk plastiek op.

Sowat tien dae ná Kersdag, net voordat ons oppak en terugry, kom Victorino weer na my vir 'n gesprek. Hierdie keer praat ons oor die verskillende kerke op Pomene. Daar woon ongeveer 600 mense in totaal hier op Pomene, verduidelik hy, en hulle behoort tot drie verskillende kerke.

Hy som dit vinnig vir my op: "Eerstens is daar die Africa Board-groepering. Hulle dien die voorvadergeeste waarin die watergeeste 'n groot rol speel," verduidelik hy. "Dan is daar die Sioniste wat weer sterk glo in die genesing van siekes. Dit manifesteer in die bandjies wat hulle om hulle arms, maag en enkels dra, want hulle is baie bygelowig. Dan is daar die EJesu Africa-kerk, waarvan ek ook lid is," voltooi hy sy relaas.

Ek vra hom of hulle almal aanspraak maak op dieselfde spasie, naamlik dié van Jesus en die waarheid. Hy bevestig dat dit so is. Ek vra of hy saamstem dat hulle nooit sal saamwerk, saam doen, of saam aanbid nie. Die verskillende Christelike gemeenskappe is verdeel en kom nie saam as eenheid nie. Hulle is nie een in begrip, oortuiging óf daad nie.

"Dit is nie moontlik nie," beaam hy.

"Dan is dit mos nie die kerk van God nie?" sêvra ek.

"Die goed wat hulle glo en doen, verskil so van mekaar dat hulle net nooit *een* kan wees nie. Die kerke op Pomene is dus ook 'n karikatuur van wat dit moet wees."

"Dit is so," gee hy toe. "Hierdie kan nie die kerk van God wees nie."

Ek kry hom jammer, want ek glo die meeste van Pomene se gelowiges se bedoelinge is goed. Ongelukkig floreer die Jesus-kepse op hierdie soort verdeeldheid.

Ek vra hom of hy dink dit is anders waar ek in die groot stad bly.

"Ek weet nie," sê hy, "ek dink nie so nie."

"Laat ek jou vertel, dit is daar selfs nog erger," antwoord ek.

Hy lyk verbaas.

Victorino vertel my dat die mense van Pomene in preke hoor dat as hulle hul bekeer, hulle ook groot voertuie sal ry soos die Suid-Afrikaners wat daar kom vakansie hou. Mosambiek was dekades lank 'n oorloggeteisterde land en die land het die afgelope twintig jaar nie dramatiese groei beleef nie. Die meeste verandering het gekom deur invloede van buite, veral die vakansiegangers.

Victorino se vertelling verbaas my nie eintlik nie. By ons in die stad is dit baie dieselfde, veral onder die Jesus-kepse wat glo die lokus lê buite hulle.

Net voordat ons begin terugry, stel ek ietwat moedswillig aan Victorino voor dat hulle dit moet oorweeg om volgende jaar wanneer ons Suid-Afrikaners weer kom, nie op Sondae eredienste te hou nie, maar eerder die swart sakke te vat wat ek vir hulle sal saambring en dan laat ons die hele gemeenskap op die strand aantree daar waar die ou hotel begin.

"Dan stap ons al singende die ses kilometer teen die strand af na die lodge se kant toe," verduidelik ek verder. "Ons sing terwyl ons die gemors op die strand optel. Ons aanbid deur die strand skoon te maak. Ons nooi ook die vakansiegangers, die gemeenskapsleiers, die sokkerspan – almal – om saam te loop."

Ek weet my vrou, Olga, sal beslis deelneem, want sy doen dit reeds op haar eie elke keer wanneer ons hier is. Dit is egter net sy en sy het amper geen impak so op haar eie nie. Hierdie keer sal dit dan egter die kerk van God, die ekklesia, van Pomene wees.

"Ons vra dan sommer ook die groot bootmaatskappy

wat volgens julle soveel geleenthede weggevat het, om by te dra met water en kos," borduur ek verder. "Die hele gemeenskap kan dan verenig word deur hul voorneme om hierdie plek beter te maak."

Victorino het my lank aangekyk en 'n glimlag op sy gesig gekry. "You must come back next year, this place will be different."

"*En Christos*," sê ek vir hom. Dit hoef tog nie so moeilik te wees nie.

"So, wat dan volgende?" hoor ek die Jesus-keps al klaar vra.

"Oorlog," antwoord ek. "Of dalk eerder 'n revolusie."

"Christene maak nie oorlog of revolusie nie," sal die Jesus-keps reageer.

"Sê wie?"

"Aan watter kerk behoort jy?" Uiteindelik. Die alles bepalende vraag.

"Ek kan nie aan iets behoort waarvan ek reeds deel is nie. Ek behoort nie, ek *ís*. Ek *is* die kerk, noem my Christen as jy wil. Ek is 'n Christen," sal ek antwoord sonder om twee keer te dink.

"Ja, maar dan het niemand beheer oor jou nie, dan kan jy doen net wat jy wil," redeneer die Jesus-keps weer.

"Ek het jou mos gesê dit is soos oorlog. God se intensie vir my is mos duidelik. Sy bedoeling vir my menswees is om soos Hy te wees. Watter deel hiervan verstaan jy nie en wat wil jy nog van my hê? Ek doen die werk – sy werk –

elke dag. Ek is volledig bemagtig tot uitvoering van sy werk. Dit is mos goeie bevelvoering," antwoord ek geduldig. "Ek is nie regtig in beheer van enigiets nie."

"Ja, maar die planeet en die mensdom werk nie gewoonlik so nie. Hulle sal jou wil doodmaak," probeer die Jesus-keps weer.

"Ek het jou mos gesê: Dit is oorlog." Binne-in my is dit rustig. Kalm. God se Gees is rustig. "Maar, ja, ek dink jy is reg. Hier kom 'n *fight*."

In my gedagtes maal dit. Sal hulle my regtig wil doodmaak? Dit is hoogs onwaarskynlik, want lank gelede is Iemand reeds ter wille van lewe doodgemaak sodat ek vandag die volheid daarvan kan beleef.

"Jy is anders," sê die Jesus-keps.

"Aha! Inderdaad. Daar snap jy dit nou uiteindelik!"

Erkennings

In hierdie boek van eenvoud en besinning wil ek graag erkenning gee aan die voorreg van lewe; 'n lewe waarin ek tot dusver die volheid van liggaam, siel en gees kon raakleef in 'n aantal wonderlike lewenservaringe.

In my kinderjare het ek sukkel-sukkel gesoek na wie ek is en wie God is. Ek het met die verloop van jare stelselmatig ontdek wie die mens is wat ek bedoel was om te wees en steeds is. In my persoonlike ontdekkingsreis het ek ook vir God ontdek. Toe ek Christus as die Here ontdek, het ek weer myself geword. Hierdie wisselwerking tussen wie God is en wie ek is, het ook mý speelveld geword.

Soos altyd kom my grootste inspirasie van my vrou, Olga, en my drie dogters, hulle mans en ook ons kleinkinders. Wie sal hulle uiteindelik "in Christus" wees? wonder ek soms. Dan weet ek ook dat daar 'n God van genade is wat op 'n besonderse wyse sy Hand oor ons almal uitgestrek hou. 'n Hand wat deurtrek is van liefde.

Nog iemand wat my deur die jare geweldig positief geinspireer het, en steeds inspireer, is my goeie vriend en vertroueling Arrie van Niekerk. Arrie het nog altyd aangevoel dat ek dinge anders sien as die meeste ander mense. Hy moedig my andersdenkendheid aan deur my op 'n mooi manier te dwing om sekere boeke te lees, of meer uit te vind oor bepaalde onderwerpe.

Meer as enigiemand anders het Arrie my denke oor

sowel godsdiens as besigheid gestimuleer. Al was dit op 'n indirekte wyse. Daarvoor sal ek hom altyd dankbaar wees.

Hy is ook die een wat my in 'n groot mate aangemoedig het om hierdie boek te skryf. Saam het ons etlike manne- en vrouekampe aangebied. Dit het 'n goeie speelruimte gebied waar ek en van die leiers in die bediening anders kon begin dink oor God se bedoeling vir menswees.

Dan is daar Stephan Joubert, wat altyd 'n inspirasie tot groei en ontdekking is. Ons gesprekke is vars, lekker en sterk; net soos elke koppie kwaliteitkoffie wat ons al saamgedrink het. Stephan se intuïtiewe aanvoeling dat iets in die kerklike spasie nie reg is nie, asook sy natuurlike insig en verstaan van die evangelieboodskap, het keer op keer my eenvoudige begrip van wie Christus in my is aangewakker en sodoende nuwe insig by my geskep rondom my verhouding met Christus die Here. Hy is 'n gewaardeerde klankbord.

Hierdie boek is in sy wese ook deurtrek van liefde – die liefde van 'n God wat hard moes speel in die radikale koms en andersheid van Jesus Christus, die Seun van God. Maklik was dit seker nie. Feit is, ek aanbid en erken vandag die opgestane Christus met die Gees van God wat in my is.

Daarom aan God die erkenning vir 'n lewe tot begrip. Wat 'n reis was dit nie net sover nie!

OOR DIE SKRYWER

Callie Roos is 'n voormalige kapelaan in die Suid-Afrikaanse Weermag (SAW) en latere Suid-Afrikaanse Nasionale Weermag (SANW) en ook 'n oud-operateur van die Spesiale Magte (Recces).

Tussen 1977 en 1985 het hy by 2 Verkenningskommando en later 2 Verkenningsregiment gedien. Van 1985 tot 1991 was hy kapelaan by 1 Valskermbataljon en daarna by die Suid-Afrikaanse Leërkollege (1991-1993). Hierna was hy 'n stafoffisier by Hoof van die Leër, waar hy ook verantwoordelik was vir die Deeltydse Mobiele Magte. Gedurende hierdie tyd was hy die brigadekapelaan by die Nasionale Vredesmag in 1994. Daarna is hy na die Verdedigingshoofkwartier.

Sy laaste aanstelling in die SANW was as senior stafoffisier: beleid en beplanning. Hy het in 1999 uit sy posisie in die kantoor van die kapelaan-generaal uit die Weermag getree. In sy laaste jare in die SANW was hy betrokke by veral die transformasieproses vir die herstrukturering van die SANW en die weermag se nuwe godsdiensbeleid. Callie was ook een van die eerste SANW-lede wat blootstelling en opleiding in onder andere vredesoperasies in Kanada sowel as Duitsland ontvang het.

In sy loopbaan het Callie ook heeltyds of deeltyds by die gemeentes Sonlandpark, Tempe, Voortrekkerhoogte-Wes, Eldoraigne en Pierre van Reyneveld gedien.

As spreker en lewenstrateeg staan Callie vandag aan die hoof van 'n onderneming wat verantwoordelik is om groei in besighede en organisasies teweeg te bring. Sy hooffokus is om as fasiliteerder van persoonlike lewensin, strategiese leierskapsdenke, bestuursvaardighede en spanprosesse op te tree.

Callie het al intervensies, werksessies en praatjies aan meer as 200 maatskappy – waaronder AngloGold Ashanti, Exxaro en Anglo Platinum – gelewer. Dit bring hom groot vervulling om sy werk as fasiliteerder te doen teen die agtergrond van die natuur. Hy gebruik sy ervarings ten opsigte van oorlewing, bosvernuf en spoorsny as tema om leierskapsdenke te help vorm.

Hy tree ook op as afrigter van bestuurspanne waar hy as mentor dien vir besigheidsleiers. Tans speel hy 'n strategiese rol om mense in gemeenskappe, besighede en organisasies te inspireer, te motiveer en op te hef.

In 2007 het sy eerste boek, *Wandelaar: Van oorlewing na sinvolheid*, verskyn.

www.ingramcontent.com/pod-product-compliance
Lightning Source LLC
Chambersburg PA
CBHW071705090426
42738CB00009B/1671